サクセス15
December 2014
12

http://success.waseda-ac.net/

CONTENTS

＼いまから知ろう！／

首都圏難関私立大学 ✦虎の巻✦

早稲田大学

慶應義塾大学

上智大学

東京理科大学

明治大学

青山学院大学

立教大学

中央大学

法政大学

今回は首都圏の難関私立大学である早慶上理・MARCHの9大学にスポットをあて、各大学のさまざまな情報をご紹介します。

高校受験を控えるみなさんには、大学受験はまだ先のことのようにも思えるかもしれませんが、行きたい大学を早めに見つけることで、勉強により身が入るかもしれませんよ。

早稲田大学

「都の西北」の伝統校
受け継がれる「ワセダ魂」

本部所在地：東京都新宿区戸塚町1-104
キャンパス：早稲田、戸山、西早稲田、所沢など
学　生　数：43,962名（2014年）

難関私立大のなかでも、「早慶」と称され、ダントツの人気を誇るのが早稲田大と慶應義塾大。このページでは、活動的でエネルギッシュな校風と熱い「ワセダ魂」が特徴の早稲田大についてご紹介しよう。

早稲田大は、創立時からの伝統を持つ政治経済学部など、13の学部を擁する大学。創立者は大隈重信で、1882年（明治15年）に作られた東京専門学校を前身としている。

現在の学生数は4万3000人以上と多く、キャンパス内にはいつも大勢の学生が行き交っており、にぎやかな雰囲気であふれている。キャンパスは学部ごとに早稲田、戸山、西早稲田、所沢の4カ所に分かれ、学生から「本キャン」「文キャン」と呼ばれる早稲田と戸山キャンパスの周辺は、学生街としても有名だ。

勉強だけではなく課外活動も活発で、部活やサークル活動はもちろん、スポーツの早慶戦や早明戦、毎年合計約10万人の来場者が訪れる早稲田祭などの行事も盛りあがる。

また、2032年の創立150周年へ向けて「Waseda Vision 150」と題しさまざまな改革プロジェクトを進めている。これからどう進化していくのか楽しみな大学だ。

INFORMATION

【学　部】

政治経済学部（政治学科、経済学科、国際政治経済学科）、法学部、文化構想学部（文化構想学科）、文学部（文学科）、教育学部（教育学科、国語国文学科、英語英文学科など）、商学部、基幹理工学部（数学科、機械科学・航空学科、情報理工学科、情報通信学科など）、創造理工学部（建築学科、経営システム工学科、社会環境工学科など）、先進理工学部（物理学科、化学・生命化学科、生命医科学科、電気・情報生命工学科など）、社会科学部（社会科学科）、スポーツ科学部（スポーツ科学科）、国際教養学部（国際教養学科）、人間科学部（人間環境科学科、健康福祉科学科、人間情報科学科）

【入試科目】（2015年度一般入試）

原則3科目入試（創造理工学部建築学科は「空間表現」試験を実施）

政治経済学部・商学部・社会科学部（外国語・国語・地歴公民または数学）、法学部（外国語・国語・地歴または公民）、文化構想学部・文学部（外国語・国語・地歴）、国際教養学部（外国語・国語・地歴または数学）、教育学部（文科系A方式…外国語・国語・地歴または公民理科系B方式…外国語・数学・理科）、人間科学部（文科系A方式…外国語・国語・地歴公民または数学、理科系B方式…外国語・数学・理科）、基幹理工学部・先進理工学部（外国語・数学・理科）、創造理工学部（外国語・数学・理科・空間表現※建築学科のみ）、スポーツ科学部（外国語・国語または数学・小論文）

【キャンパスライフ】

校歌　「都の西北　早稲田の森に」というフレーズで有名な早稲田大の校歌。早稲田大生は日本一校歌を歌う大学生とも言われている。

大隈記念講堂　早稲田大のシンボルとも言えるゴシック様式の建物。1927年（昭和2年）竣工で、国の重要文化財にも指定されている。

早稲田祭　11月の早稲田祭は、毎年約16万人の来場者が訪れ、大いに盛りあがる大学祭として有名。

【附属・系属高校】

早稲田大学高等学院（東京・男子校）
早稲田大学本庄（埼玉・共学校）
早稲田実業学校（東京・共学校）
早稲田摂陵（大阪・共学校）
早稲田佐賀（佐賀・共学校）
早稲田渋谷シンガポール校（シンガポール・共学校）

慶應義塾大学

塾生に根づく「独立自尊」の精神

本部所在地：東京都港区三田2-15-45
キャンパス：三田、日吉、矢上、信濃町、湘南藤沢、芝共立など
学　生　数：28,963名（2014年）

慶應義塾大は、『学問のすゝめ』の著者として有名な福沢諭吉が1858年（安政5年）に創立した大学だ。長い歴史のなかで、「独立自尊」の基本精神を身につけた優秀な人材を数多く輩出してきており、国内最古の起源を持つことから、日本の教育・大学制度の設立に大きく貢献したとも言われている。国の重要文化財に指定されている図書館旧館（三田キャンパス）など、建設当初の姿を残す建物からもその伝統を感じることができる。

慶應義塾大は早稲田大と肩を並べるほどの人気を博しているが、早稲田大との違いとして、医学部や看護医療学部、薬学部といった医療分野の学部の存在があげられる。

特色は、キャンパスごとに異なる雰囲気が漂っているところ。総合政策・環境情報・看護医療学部以外の新入生が過ごす日吉キャンパスは活気に満ちあふれていてにぎやか、本部のある三田キャンパスはおもに2～4年生が通うためアカデミックで落ち着いた雰囲気、そして「SFC」と呼ばれる湘南藤沢キャンパスは、広々とした開放的な空間となっている。各キャンパスごとに学園祭が行われているのも魅力の1つだ。

INFORMATION

【学　部】

文学部（人文社会学科）、**経済学部**、**法学部**（法律学科、政治学科）、**商学部**（商学科）、**医学部**（医学科）、**理工学部**（機械工学科、電子工学科、応用化学科、物理情報工学科、管理工学科、数理科学科、物理学科、システムデザイン工学科など）、**総合政策学部**（総合政策学科）、**環境情報学部**（環境情報学科）、**看護医療学部**（看護学科）、**薬学部**（薬学科、薬科学科）

【入試科目】（2015年度一般入試）

原則3科目入試（総合政策学部・環境情報学部は2科目入試、医学部・看護医療学部は2次試験あり）

文学部（外国語・地理歴史・小論文）、**経済学部**（A方式…外国語・数学・小論文、B方式…外国語・地理歴史・小論文）、**法学部**（外国語・地理歴史・論述力）、**商学部**（A方式…外国語・地理歴史・数学、B方式…外国語・地理歴史・論文テスト）、**医学部**（理科・数学・外国語。2次試験で小論文・面接）、**理工学部**・**薬学部**（理科・数学・外国語）、**総合政策学部**・**環境情報学部**（数学または外国語または数学および外国語、小論文）、**看護医療学部**（外国語・数学または化学または生物。2次試験で小論文・面接）

【キャンパスライフ】

ペンマーク　校舎玄関やマンホール・街灯などキャンパス内のいたるところに刻まれているのが、2本のペンを交差させたデザインの「ペンマーク」。慶應義塾大の象徴とも言える存在だ。

「君」づけの伝統　慶應義塾大では「先生」は創立者の福沢諭吉ただ1人という理由から、教員も学生も全員「塾生」とされ、「君」づけで呼びあう伝統がある。現在も掲示板などでこの表記が見られる。

三田祭　各キャンパスごとに開催される学園祭のなかでも、4日間にわたり行われる三田キャンパスの「三田祭」が一番の盛りあがりを見せる。来場者数は約20万人、参加団体は約500と国内最大規模を誇り、ステージ・模擬店などのほか、研究発表も充実している。今年は11月21日（金）～24日（月・振）に開催されるので、ぜひ足を運んでみよう。

【附属高校】

慶應義塾（神奈川・男子校）
慶應義塾志木（埼玉・男子校）
慶應義塾女子（東京・女子校）
慶應義塾湘南藤沢（神奈川・共学校）
慶應義塾ニューヨーク学院（アメリカ・共学校）

上智大学

定評ある語学教育や国際性が魅力

本部所在地：東京都千代田区紀尾井町7-1
キャンパス：四谷、目白聖母など
学生数：12,117名（2014年）

カトリック修道会イエズス会が開設した歴史を持つ上智大。大学の愛称の「ソフィア」とは、ギリシア語で「人を望ましい人間へと高める最上の叡智」という意味だ。語学教育を重視していることが特徴で、外国人の教員や海外からの留学生も多く、国際的な雰囲気が魅力。世界中に180校以上の交換留学協定校・学術交流協定校があるなど、海外留学や国際交流プログラムも充実しているので、世界に興味がある人にはしっかりと応えてくれる大学だ。また、カトリックの学校なので、西洋思想やキリスト教への理解を深められる科目が多いのも特色。

INFORMATION

【学部・学科】

神学部（神学科）、文学部（哲学科、史学科、国文学科、英文学科、フランス文学科、ドイツ文学科、新聞学科）、総合人間科学部（教育学科、心理学科、社会学科、社会福祉学科、看護学科）、法学部（法律学科、国際関係法学科、地球環境法学科）、経済学部（経済学科、経営学科）、外国語学部（英語学科、ドイツ語学科、フランス語学科、イスパニア語学科、ロシア語学科、ポルトガル語学科）、総合グローバル学部（総合グローバル学科）、国際教養学部（国際教養学科）、理工学部（物質生命理工学科、機能創造理工学科、情報理工学科）

【入試科目】（2015年度一般入試）

学科別入試は原則3科目（ただし文学部哲学科・史学科・新聞学科は「学科試問」も実施）。

神学部、総合人間科学部心理学科・看護学科、外国語学部英語学科は第2次試験を実施（面接や小論文など学科により実施内容は異なる）。

1次は理工学部が（外国語・数学・理科）。それ以外の学部学科は（外国語・国語は共通で、3科目目が地歴・数学・理科など学科により異なる）また、一般入試TEAP利用型については入試要項参照。

東京理科大学

理学といえば東京理科大！

本部所在地：東京都新宿区神楽坂1-3
キャンパス：神楽坂、葛飾、野田、久喜、長万部など
学生数：16,483名（2014年）

建学の精神に「理学の普及を以て国運発展の基礎とする」を掲げる東京理科大は、理学と工学を中心に、8学部33学科を有する理工系総合大学の代表格といえる存在だ。

おもなキャンパスは神楽坂、葛飾、野田、久喜だが、基礎工学部の1年生は、北海道の長万部キャンパスで全寮制の生活を送るのも特徴的。

毎年秋には各キャンパスごとに学園祭「理大祭」が開催されるほか、薬学部と理工学部が通う野田キャンパスでは「体育祭」も行われている。「理大祭」では理科実験などの催しが充実しているため、理学に興味のある人はとくに楽しめそう。

INFORMATION

【学部・学科】

経営学部（経営学科）、理学部第一部（数学科、物理学科、化学科、数理情報科学科、応用物理学科、応用化学科）、工学部第一部（建築学科、電気工学科、工業化学科、経営工学科、機械工学科）、薬学部（薬学科、生命創薬科学科）、理工学部（情報科学科、工業化学科、機械工学科、土木工学科、物理学科、応用生物科学科、経営工学科、数学科、建築学科、電気電子情報工学科）、基礎工学部（電子応用工学科、材料工学科、生物工学科）、理学部第二部（数学科、物理学科、化学科）、工学部第二部（建築学科）

【入試科目】（2015年B方式）

一般入試にあたるB方式は原則3科目入試。（工学部第二部のみ数学・英語の2科目）

理学部第一部・第二部、工学部第一部、薬学部、理工学部、基礎工学部（数学と英語の2科目は必須。残り1科目は、学部・学科ごとに異なる指定あり。おもに数学、物理、化学）

経営学部（国語または数学、地理歴史・公民・数学のいずれか選択、英語）

附属・系列高校	校風・特徴	大学名

明治大学

本部所在地：東京都千代田区神田駿河台1-1
キャンパス：駿河台、和泉、生田、中野
学　生　数：29,849名（2014年）

1人ひとりの「個」を強くする大学

パワフルで元気な学生が多く、リベラルな校風が魅力の明治大。建学の精神である「権利自由、独立自治」を受け継ぎ、学生1人ひとりの「個」を伸ばし、強くする教育システムに定評あり、毎年多くの志願者を集めている。

その人気のほどは、関東の高校生に聞いた「大学志願度ランキング」（リクルート社調べ）で文系・理系、男・女別の全部門で6年連続1位を獲得した結果からもわかる。

明治大学付属中野

明治大学付属明治（東京・共学校）
明治大学付属中野八王子（東京・共学校）
明治大学付属中野（東京・男子校）

青山学院大学

本部所在地：東京都渋谷区渋谷4-4-25
キャンパス：青山、相模原
学　生　数：17,476名（2014年）

青学生としての教養と技能を育成

明治時代にアメリカから派遣された宣教師たちにより設立された沿革を持つ青山学院大。教養教育を重視した「青山スタンダード」という全学共通教育システムが特徴。

流行や文化の発信地である表参道や渋谷に近い、青山キャンパスのイメージからか、都会的でスマートな印象だが、社会情報学部と理工学部の学ぶ郊外型の相模原キャンパスもあり、異なる個性と特質を備えている大学だ。

青山学院高等部

青山学院高等部（東京・共学校）

立教大学

本部所在地：東京都豊島区西池袋3-34-1
キャンパス：池袋、新座
学　生　数：19,599名（2014年）

リベラルアーツ教育で広い視野を育む

キリスト教に基づく人間教育を軸に、西欧のリベラルアーツカレッジをモデルとした教育を実践している立教大。

キリスト教学科のある文学部をはじめ10学部を擁し、なかには観光学部や異文化コミュニケーション学部など特徴的な学部もある。

キャンパスは、レンガ造りの校舎が印象的な池袋キャンパスと白亜の礼拝堂のある新座キャンパスの2つがある。

立教新座

立教池袋（東京・男子校）
立教新座（埼玉・男子校）

法政大学

本部所在地：東京都千代田区富士見2-17-1
キャンパス：市ケ谷、多摩、小金井など
学　生　数：27,234名（2014年）

時代に先駆けた教育を導入

「自由と進歩」を校風とする法政大は、インターンシップやキャリアデザイン学を他校に先駆けていち早く取り入れてきた。この校風は法政大の前身・東京法学校の教頭であったボアソナード博士の影響が大きく、市ケ谷キャンパスの「ボアソナード・タワー」は、彼の名にちなんで名づけられた。ちなみにスクールカラーのオレンジと紺は「暁の太陽」と「青空」を表しており、紺は「法政ブルー」と呼ばれる独自の色味をしている。

法政大学高

法政大学高（東京・共学校）
法政大学第二（神奈川・男子校）
※2016年度より男女共学化
法政大学女子（神奈川・女子校）

中央大学

本部所在地：東京都八王子市東中野742-1
キャンパス：多摩、後楽園など
学　生　数：25,082名（2014年）

「白門」とともに歩んだ歴史

中央大の歴史は1885年（明治18年）に18人の法律家によって英吉利法律学校として創立されたところから始まる。理工学部は都心でありながらも閑静な後楽園キャンパス、残りの5学部は緑豊かな多摩キャンパスで学んでおり、両キャンパスには「白門」と呼ばれる門がある。「白」は「法」の持つ「中立公正」、「潔白」などのイメージと重なることから名づけられたそうで、学園祭も「白門祭」という名で親しまれている。

中央大学附属

中央大学高（東京・共学校）
中央大学杉並（東京・共学校）
中央大学附属（東京・共学校）
中央大学附属横浜（神奈川・共学校）

入試科目 2015年度一般入試	**学部・学科**
〈全学部統一試験〉 （外国語・国語・数学・理科・地歴公民から３〜４科目、組み合わせは学部・学科により異なる） **〈一般選抜試験〉** **理工学部**（数学・理科・外国語）、**それ以外の学部**（外国語は必須、国語・地歴・公民・数学から２科目、学部・学科により異なる）ただし**情報コミュニケーション学部**B方式は外国語・数学・情報総合の３科目。**総合数理学部**は数学・外国語の２科目。	**法学部**（法律学科）、**商学部**（商学科）、**政治経済学部**（政治学科、経済学科、地域行政学科）、**経営学部**（経営学科、会計学科、公共経営学科）、**文学部**（文学科、史学地理学科、心理社会学科）、**情報コミュニケーション学部**（情報コミュニケーション学科）、**国際日本学部**（国際日本学科）、**理工学部**（電気電子生命学科、機械工学科、機械情報工学科、建築学科、応用化学科、情報科学科、数学科、物理学科）、**農学部**（農学科、農芸化学科・生命科学科、食料環境政策学科）、**総合数理学部**（現象数理学科、先端メディアサイエンス学科、ネットワークデザイン学科）
〈全学部日程〉 **理工学部**（外国語・数学・理科）、**社会情報学部**B方式（外国語・数学・数学）、**それ以外の学部**（外国語・国語・地歴または公民または数学） **〈個別学部日程〉** **理工学部**（外国語・数学・理科）、**それ以外の学部**（原則３科目で外国語・国語・地歴・公民・数学等学科により異なる。また、B方式では論述・小論文を実施する学科もある）	**文学部**（英米文学科、フランス文学科、日本文学科、比較芸術学科）、**教育人間科学部**（教育学科、心理学科）、**経済学部**（経済学科、現代経済デザイン学科）、**法学部**（法学科）、**経営学部**（経営学科、マーケティング学科）、**国際政治経済学部**（国際政治学科、国際経済学科、国際コミュニケーション学科）、**総合文化政策学部**（総合文化政策学科）、**理工学部**（物理・数理学科、科学・生命学科、電気電子工学科、機械創造工学科、経営システム学科、情報テクノロジー学科）、**社会情報学部**（社会情報学科）、**地球社会共生学部**（地球社会共生学科）
文学部、異文化コミュニケーション学部（外国語・国語・地理歴史）、**経済学部、経営学部、社会学部、法学部、観光学部、コミュニティ福祉学部、現代心理学部**（外国語・国語・地理歴史または数学）、**理学部**（外国語・数学・理科、ただし全学部日程試験の**数学科・物理学科**は外国語・数学・数学で実施）	**文学部**（キリスト教学科、文学科、史学科、教育学科）、**異文化コミュニケーション学部**（異文化コミュニケーション学科）、**経済学部**（経済学科、経済政策学科、会計ファイナンス学科）、**経営学部**（経営学科、国際経営学科）、**理学部**（数学科、物理学科、化学科、生命理学科）、**社会学部**（社会学科、現代文化学科、メディア社会学科）、**法学部**（法学科、国際ビジネス法学科、政治学科）、**観光学部**（観光学科、交流文化学科）、**コミュニティ福祉学部**（コミュニティ政策学科、福祉学科、スポーツウエルネス学科）、**現代心理学部**（心理学科、映像身体学科）
〈T日程〉（英語・国語・数学・選択科目《世界史・日本史》から２〜３科目、組み合わせは学部・学科により異なる。例外として**日本文化学科**は小論文、**地理学科**は地理がある）**〈A方式〉** **法学部、文学部、経済学部、社会学部、経営学部、人間環境学部、現代福祉学部、キャリアデザイン学部、スポーツ健康学部**（英語・国語・選択科目※）**国際文化学部**（外国語・国語・選択科目※）**グローバル教養学部**（英語・国語）、**情報科学部、デザイン工学部、理工学部、生命科学部**（英語・数学・理科） ※日本史・世界史・地理・政治経済・数学から１科目選択	**法学部**（法律学科、政治学科、国際政治学科）、**文学部**（哲学科、日本文学科、英文学科、史学科、地理学科、心理学科）、**経営学部**（経営学科、経営戦略学科、市場経営学科）、**国際文化学部、グローバル教養学部、経済学部**（経済学科、国際経済学科、現代ビジネス学科）、**社会学部**（社会政策学科、社会学科、メディア社会学科）、**現代福祉学部**（現代福祉学科、福祉コミュニティ学科、臨床心理学科）、**人間環境学部、キャリアデザイン学部、デザイン工学部**（建築学、都市環境デザイン工学、システムデザイン学科）、**スポーツ健康学部、情報科学部**（コンピュータ科学科、ディジタルメディア学科）、**理工学部**（機械工学科、電気電子工学科、応用情報工学科、経営システム工学科、創生科学科）、**生命科学部**（生命機能学科、環境応用化学科、応用植物科学科）※学部名と同じ学科のみの場合は学科名を省略。
〈統一入試〉 **法学部・経済学部・商学部・文学部・総合政策学部**で実施（４教科型/外国語・国語・数学・地歴公民、３教科型/外国語と国語は必須、地歴公民・数学から１科目選択）**〈一般入試〉** **法学部**（４教科型/外国語・国語・数学・地歴公民、３教科型/外国語と国語は必須、地歴公民・数学から１科目選択）、**経済学部・文学部**（外国語、国語、地歴公民数学から１科目選択）、**商学部**（外国語と国語は必須、地歴公民・数学・商業から１科目選択）、**理工学部**（外国語・理科・数学）、**総合政策学部**（外国語・国語）	**文学部**（人文社会学科）、**法学部**（法律学科、政治学科、国際企業関係法学科）、**経済学部**（経済学科、国際経済学科、経済情報システム学科、公共・環境経済学科）、**商学部**（経営学科、商業・貿易学科、会計学科、金融学科）、**総合政策学部**（政策科学科、国際政策文化学科）、**理工学部**（数学科、物理学科、都市環境学科、精密機械工学科、電気電子情報通信工学科、応用化学科、経営システム工学科、情報工学科、生命科学科、人間総合理工学科）

大学生に聞いた スキマ時間の使い方

入試本番が近づいてきました。受験生にとっては少しでも時間があれば勉強したい時期ですよね。そこで、朝起きてから、通学中、夜寝る前などの「スキマ時間」を有効に使う方法を、難関大に通う大学生に聞きました。入試に向けて、短い時間もしっかりと活用しましょう。

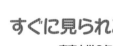

自分たちで語呂合わせ

慶應義塾大学３年　柄川 愛さん

家では洗面所やトイレなどの場所でちょっとした時間ができますよね。そういった場所に英単語や世界地図を貼って、意識的に見るようにしていました。英単語については20個書き出したものを１週間単位で貼り替えることで、毎日見ることを意識づけられました。また、枕元に英単語帳を置いておき、寝る直前まで見ていました。それで朝起きてすぐに復習できればさらにいいですね。私は時間がなくてできませんでしたが…。あとは日本史や世界史の年号の語呂合わせを、友だちと帰り道に作りながら歩いていました。自分たちで考えるので確実に覚えられました。人気の歌の替え歌にして覚えたこともありますよ。

効率的な暗記のためのサイクルに

東京大学３年　山路 直人さん

通学時の信号待ち、家に帰ってから夕食まで、夕食後の入浴までといった時間が日常的にあるスキマ時間だと思います。そうした時間を英単語や漢字、古文の単語を覚えるための定着サイクルの一環として使っていました。方法としては①毎日「英単語の本10ページ」といった形で具体的に勉強する内容を決める②夜など長めに勉強する時間が取れるときに決めた範囲を２周ほどして覚える③翌日のスキマ時間にその範囲を復習④夜の勉強時に決めた範囲をしっかり覚えたかをチェック、という流れです。そして①に戻り新たな範囲を覚えます。スキマ時間をうまく使いながら、何度も見る機会を増やすことで記憶に残るようにしました。

すぐに見られる勉強ツールで！

東京大学２年　高田 祐莉さん

スキマ時間に活用できるような勉強ツールを作っておくことをオススメします。私の場合は、小さめのノートを使って「間違いノート」を作り、自分の間違った問題や単語をまとめていました。ほかにも、時間があればすぐにめくれる単語帳（表に問題、裏に答え）を作ったり。また、スキマ時間は本当に短時間なので、パッと見て全体像を把握できるような方法も有効です。歴史であれば、大きめの広告の裏に年表を書いておいて、それを部屋などに貼り、見ればすぐに歴史の流れをつかめるようにしていました。テレビを見るときも「CMの間に単語を３つ覚える！」と決めて、限られた時間を有効に使うことを考えていました。

信号待ちに単語カード

早稲田大学２年　相崎 奈々さん

外を歩いているときには、単語カードをポケットに入れておいて、信号待ち中に見て、そのあと歩きながら思い出せるか自分でテストしていました。10分ぐらい時間があるときは、日本史や地理の勉強をしていました。日本史は自作の一問一答集を使います。そこには自分が模試や授業を受けて新たに知ったことや、まとめておいた方がいいと思うこと（歴代総理大臣の名前と順番、美術史など）を書き込んで、その１冊を見たら自分の学習してきたことがすべて書いてあるようにしました。地理は予備知識が大切だと言われていたので、空いた時間があると、資料集をパラパラと眺めるようにしていました。

スキマ時間を使って何度も繰り返す

東京大学2年　及川 涼介さん

中学時代ではなく、高校時代ですが、通学時間が徒歩で30分だったんです。その時間を使って、歩きながら英作文と世界史の一問一答の参考書を読んでいました。英作文は問題形式の参考書を頭のなかで繰り返し解き続けて定着させていました。世界史も同じで、何度も解くことで暗記していましたね。歩きながらなので、周りには気をつけないといけませんが。学校の休み時間には英単語の暗記をしていました。よく使ったのは『速読英単語』(Z会)です。「10分で1章進める」といったノルマを自分に課して、何周も解きました。家にいるときも、ご飯の前のちょっとした時間に新聞を読んだりしてスキマ時間を使っていました。

お風呂の時間も有効に

東京大学3年　和田 有紀子さん

英単語や社会・理科の暗記項目については、例えば英単語の場合、まず、自分が知らない単語が文章中で出てきたときに、その単語を裏紙や手に収まるサイズのメモ帳に書きます。それを歯を磨いているときなどのスキマ時間に何度も繰り返し見たり、クリアファイルに入れてお風呂の壁に貼り、お風呂に入りながらでも勉強ができるようにして覚えていました。また、道を歩いているときに、目に入ったものなどを英語にしてみるということもしていました。そうすると、案外日常的な単語がわからないことに気づくことができます。そこでわからなかった単語や熟語を家に帰って調べると「使える」英語になりますよ。

朝の30分をフル活用!

早稲田大学3年　森 勝宣さん

朝、早起きをして、学校に行く前の30分ほどを使って基礎的な数学の暗算問題を解くようにしていました。そのときは暗算のスピードを速くするために、時間を計っていたのを覚えています。朝の時間は英単語の暗記にも使っていました。まず、寝る30分前に英単語の勉強をして、朝起きたらすぐに昨晩見た範囲をひと通り復習するようにしたんです。そうすることで記憶の定着がすごくよくなりました。また、スキマ時間の活用というわけではありませんが、ちょっと時間ができて休憩する際は友だちと話すことでリフレッシュするようにしていました。そういうときは、目が疲れるので携帯電話のゲームなどもしないようにしていました。

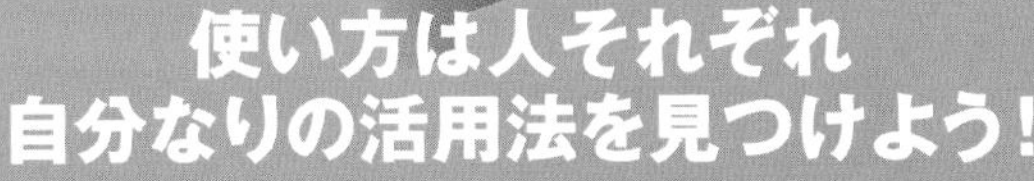

使い方は人それぞれ 自分なりの活用法を見つけよう!

いかがだったでしょうか。十人十色で色々なスキマ時間の使い方を紹介してもらいました。活用法はさまざまですが、共通しているのは「短い時間をどう使えば有効に活用できるか」ということを自分なりにアレンジしているところです。少しの時間があれば、思わず携帯電話やマンガなどを手にしてしまう人もいるかもしれませんが、スキマ時間は短いからこそ集中して取り組めるというメリットもあります。みなさんも、今回の特集を参考に、自分の勉強スタイルや生活のサイクルに合う「スキマ時間活用法」を探してみてください。

東大手帖 ～東大生の楽しい毎日～

現役東大生が東大での日々と受験に役立つ勉強のコツをお伝えします。

東大生的
読書のススメ

Vol.09

text by 一(イチ)

この号が発行されるころにはもうすっかり寒くなっていると思いますが、この原稿を執筆している10月なかばは、秋がだんだんと深まり、肌寒さを感じる気候です。四季のなかでも秋はとくに過ごしやすい気候のため、読書や音楽、演劇などの芸術を楽しむのに最適だと言われています。みなさんも「読書の秋」という言葉を聞いたことがあると思いますが、由来は知っていますか？　それは、中国古代の詩人である韓愈（かんゆ）という人が「降り続く長雨がやんで、空がすっきりと晴れ渡り、郊外の丘では、秋を感じさせる涼しさが感じられる。そんな秋の夜長は、明かりをつけて、そのもとで読書をするのに適した季節だ」と詩で詠んだからだと言われています。

ところで、10年ほど前に行われたNOP Worldの調査によって、日本人は世界でも「あまり本を読まない」国民だということがわかりました。この機関のデータによると、一番よく本を読むのはインド人で週10.7時間。お隣の中国は8時間で、なんと日本はその半分の4.1時間という結果が出たそうです。その調査から10年が経ち、スマートフォンなどの登場で本の売り上げも減少しつつあるなか、とくに若い人たちがあまり本を読まなくなっていることは事実でしょう。しかし、本は心を豊かにしてくれるすばらしいものです。今回は、中学生のみなさんにおすすめの本を３冊紹介しますので、みなさんの参考になれば嬉しいです。

まず１冊目は『どくとるマンボウ航海記』（北杜夫、新潮社）。精神科医である著者が、マグロ漁業の調査船に船医として乗り込んだ経験をまとめたエッセイです。「パリの魅力は面妖な都会のモノノケ」など、航海中の出来事が独自の視点でユーモラスに綴られています。ぼくは中３のときにこの本を知り、「いろんなところに旅行に行きたい！」「世界を切り取って批評してみたい！」と憧れを感じるようになりました。中学生でも読める平易な表現で綴（つづ）られている点もおすすめです。

２冊目は『御伽草紙』（市古貞次、岩波文庫）。言わずと知れた、鎌倉時代から江戸時代にかけて成立した短編の絵入り物語。小さいころに絵本などで読んだことのある物語を、中学生のぼくは古文で読んでみました。「浦島太郎」や「一寸法師」、「ものぐさ太郎」など、絵本で知った話とは違う結末になっているものもあるので新鮮です。古文の勉強になるだけでなく、当時の子どもたちの考えやユーモアを知ることができるので、中世にタイムスリップしたような気分になります。子供向けなので表現も難しくなく、古文学習の入門書としても有用でしょう。

３冊目は『生命のサンドウィッチ理論』（池上高志・植田工、講談社）です。「生命ってなに？」――この問いについて多くの人が一度は考えたことがあるはずです。本書は、著者の東大教授が研究のなかで導いた「生命」に関する理論を、抽象的な絵画でまとめた科学絵本です。文章の説明では非常に難解な研究も、挿絵を多く使った絵本という形式のため想像力が膨らみます。「科学について知りたいけどよくわからない！」という人には、気軽に科学の世界に「迷いこめる」格好の本ではないでしょうか。

以上、「学問って楽しいな」と思えるような３冊の本紹介しました。「週に１冊」などとノルマを決めなくてもいいので、読み終えたときに「この本を読んでよかったな」と思えるような、そんな本にめぐりあえるといいですね。

SCHOOL EXPRESS

明治大学付属明治高等学校

MEIJI UNIVERSITY MEIJI HIGH SCHOOL

東京都　調布市　共学校

骨太の教養を培う学びと多彩な高大連携教育が魅力

関東に住む高校生に圧倒的な人気を誇る明治大学。その明治大の付属である明治大学付属明治高等学校では、生徒同士が競いあうのではなく助けあう雰囲気のなかで、魅力的な教育が行われています。徹底した基礎教育により専門の学びへとつながる教養を身につけ、大学で中心となって活躍できる人材を育てています。

安藏（あんぞう） 伸治（しんじ） 校長先生

新たな歴史を刻む伝統ある付属校

明治大学付属明治高等学校（以下、明大明治）は、1911年（明治44年）に明治大学学長の岸本辰雄先生により設立されたのが始まりです。翌1912年（明治45年）4月に旧制明治中学校として神田駿河台の明治大構内で開校され、1922年（大正11年）猿楽町に新校舎が建設されました。1947年（昭和22年）の学制改革による新制明治中学校、1948年（昭和23年）の新制明治高等学校の発足に伴い、推薦制度による大学までの一貫教育方針が確立されました。2008年（平成20年）4月、現在の調布キャンパスへの移転とともに男女共学がスタート、昨年度女子生徒1期生が高校を卒業し、新たな歴史を刻んでいます。

明大明治では教育方針として次の3つが掲げられています。

「創造性や個性を伸ばすことで、21世紀を担う『生きる力』を養う」
「知性・感性・体力のバランスのとれた、人間性あふれる人物を育てる」
「学校行事や班・部活動等を通じ、『質実剛健』『独立自治』の精神を養う」

安藏伸治校長先生は「本校の使命は、明治大で核となって活躍できる生徒を送り出すこと、同時に、明治大以外の大学に進学しても、そのなかでリーダーシップのとれる人材を育成することです。そして、グローバル化に対応できる人材を育てるのも本校の役割だと考えています。ただし、それは単純に英語ができる人材を育てるということではなく、基礎的な教養をきちんと培ったうえで、英語力をつけるということです。私は日本人の誠実さや人を騙さない精神、ホスピタリティーなどは世界でトップだと感じています。生徒にはそういった日本人としての美徳をしっかりと身につけて世界に出ていってほしいと思っています」と話されました。

リベラル・アーツに則り骨太の教養を身につける

明大明治には、付属の中学校から進学してくる中入生と高校から入学する高入生がおり、高1の段階からいっしょのクラスで学びます。

カリキュラムは、日本史を除くほぼすべての基礎科目が必修となっています。まんべんなく学習することが、大学で必要とされる基礎学力を確実に養っていくことにつながるのです。

3年次には、文系・理系の2つのコースに分かれます。コースのなかでさらに選択科目が設けられており、生徒たちは、希望する進路に沿った専門性の高い授業を受けることができます。

「本校は、明治大の付属校なので、受験にとらわれることなく、リベラルアーツに則った骨太の教養を身につけていくことができます。私立大学の入試では受験科目を限定しているため、偏った勉強をしてくる生徒もいます。大学で教鞭をとっていて感じるのは、そのような勉強では専門的な学びに必要となる教養が足りないということです。

私は『知的筋力』『知的体力』と表現していますが、脳は筋肉と同じで、中学・高校時代に集中的に勉強して、若いうちから鍛えておくことが大切です。文系にも数学は必要ですし、理系にこそ英語は必要です。徹底した基礎教育を行うことで、身についた教養が大学で花開くのです。生徒たちには日ごろから、ムダな勉強はない、勉強をしないということは自分の将来の可能性を狭めることになってしまうのだと伝えています。本校は付属校ではありますが、生徒は高校時代にしっかりと勉強してから大学へ進学していきます。」（安藏校長先生）

生徒の意欲を高める高大連携教育の魅力

明治大の直系の付属校である明大

施設

広々としたキャンパスには1450名を収容できる鵜澤總明ホールや蔵書数5万冊の図書館などの学習施設に加え、カフェテリアやトレーニングルームなど、充実した学校生活を支える施設が整っています。

カフェテリア

グラウンド

トレーニングルーム

鵜澤總明ホール

図書館

第一体育館

部活動

運動部・文化部合わせて約40の部が活動しています。学業との両立をモットーとし、勉強に励みながら、部活動にも全力で打ち込んでいます。

バスケットボール部

硬式野球部

サッカー部

バレーボール部

学習風景

放課後になると、質問スペースで教員に積極的に質問する生徒や、図書館で自習をする生徒の姿が多く見られます。

質問スペース

自習風景

ダンス部

明治において、高大連携教育は大きな特色となっています。大学と連携することで、生徒たちの進路に対する関心が高められ、大学で身につける知識や資格の先取りを行うことができるのも魅力です。

具体的には、高3で高大連携講座が設けられています。これは、大学の学部に関する準備教育を通年授業として組み込んだもので、大学の教授による授業が週2時間あります。生徒は自分の第1志望の学部の授業を履修し、専門的な知識を身につけるとともに、進路についてさらに深く考える契機ともなっています。

プレカレッジプログラムは、高2・高3の生徒を対象として放課後に希望制で明治大の講義を受講できるものです。聴講するだけでなく、大学生とともに試験を受け通過することができれば、明治大入学後に単位として認定されます。

また、春・夏・冬の長期休暇には、資格取得や英語力の向上などを目的とした「簿記講座（2級・3級）」「TOEIC講座」「実験講座（化学・物理）」「コンピュータプログラミング講座」などのセミナーが実施されています。

ほかにも、高大連携ブリッジ講座として、高3の3学期に大学教授による講義や講演、進学する学部ごとに取り組む課題など、さまざまなプログラムが用意され、大学への架け橋となっています。

安藏校長先生は「大学教授による『簿記講座』など、高校から資格の勉強を始めることができるので、卒業生のなかには、大学1年で公認会計士の試験に受かった生徒や、大学3年で司法試験に合格した生徒もいます。受験勉強に時間をとられることなく、高校の段階から専門的な学びに触れられるのは、本校の大きな魅力であり、強みでもあります」と話されました。

きめ細かな進路指導 9割の生徒が明治大へ

進路指導は、高1で「特別進学指導講座」が用意され、明治大各学部の学部長による学部説明会が行われています。高2では「明大オープンキャンパス」や各界で活躍している社会人OBによる、職業について考える講演会「ようこそOB」が催され、高3では現役明大生による進路相談会が行われています。

きめ細かな進路指導と付属校ならではの高大連携教育により、生徒は3年間かけてしっかりと自分の進路を見極めることができ、9割以上の

英語教育

異文化に触れ、学ぶ意欲が高まる国際交流。語学研修に行く生徒には奨学金が支給されます。この奨学金は卒業生やPTAから寄付されたものです。みんなで生徒を育てていく思いが強いのが明大明治の特徴です。

六大学野球応援

紫紺祭 応援指導班ステージ

紫紺祭 吹奏楽班ステージ

修学旅行

球技大会

English Presentation

スピーチコンテスト

海外語学研修 カナダ

行事

縦割りのクラス対抗で行う体育祭、高2が中心となって運営する紫紺祭など、生徒同士のきずなが深まる行事が豊富に用意されています。紫紺祭で披露される応援指導班のステージは圧巻です。

生徒が明治大へと進学していきます。

明治大への推薦は、英検2級とTOEIC450点以上という基準に加え、高校3年間の学習成績、人物・適性・志望理由などに基づいて判断されます。

年度によって異なりますが、例年明治大からは卒業生の数を上回る推薦枠が示されるので、推薦基準を満たせば、ほとんどの生徒が第1志望の学部へ進学することができます。

一方で、国公立大を志望する生徒には、明治大への推薦を保持したまま受験できる制度を用意することで、国公立大受験も積極的に支援しています。

最後に、安藏校長先生から明治大学付属明治高等学校を志望する生徒さんに向けてメッセージをいただきました。

「本校では生徒同士で競争はさせていません。明治大への推薦制度があるのだから、競争するのではなく、お互いを受け入れて、足りないところは補い助けあって全員のレベルをあげていくようにと指導しています。本校の卒業生には、母校愛が強い生徒が多く、大学に進学しても、大学の勉強と両立しながら部活動のコーチとして中学生や高校生を指導してくれています。生徒たちは先輩との関係のなかで刺激を受け人間力を培い、先輩に対する憧れからさらに勉強に力を入れています。そういった雰囲気のなかでぜひ学びたいという素直で明るい生徒さんを待っています。」（安藏校長先生）

School Data

所在地	東京都調布市富士見町4-23-25
アクセス	京王線「西調布駅」徒歩18分、JR中央線「三鷹駅」、京王線「調布駅」・「飛田給駅」、JR南武線「矢野口駅」スクールバス
生徒数	男子464名、女子326名
TEL	042-444-9100
URL	http://www.meiji.ac.jp/ko_chu/

3学期制　週6日制
月～金6時限、土4時限　50分授業
1学年7クラス　1クラス40名

2014年度（平成26年度）進学状況

明治大学推薦入学者内訳	
学部名	進学者
法学部	22
商学部	60
政治経済学部	46
文学部	11
総合数理学部	11
国際日本学部	11
情報コミュニケーション学部	12
経営学部	16
農学部	13
理工学部	26
明治大学推薦入学者計	228
その他	
他大学進学	22
その他	5
計	27

専修大学附属高等学校

（せんしゅうだいがくふぞく）

School Data

所在地
東京都杉並区和泉4-4-1

生徒数
男子627名、女子608名

TEL
03-3322-7171

アクセス
京王線・都営新宿線「代田橋駅」・地下鉄丸ノ内線「方南町駅」徒歩10分、京王井の頭線「永福町駅」徒歩15分

URL
http://www.senshu-u-h.ed.jp/

丁寧な指導と魅力的なプログラムで夢を現実に

専修大学の付属校である専修大学附属高等学校（以下、専大附属）は、1929年（昭和4年）に創立されました。「誠実・努力」を校訓に掲げ、建学の精神である「報恩感謝」を大切に、生徒1人ひとりの夢をかなえるためにさまざまな教育プログラムを行っています。

1・2年次は各科目をバランスよく学び、3年次に「専修大学進学コース」「他大学受験進学コース・文系」「他大学受験進学コース・理系」に分かれます。

専大附属では、8割の生徒が専修大学に進学しますが、国公立大や難関私立大をめざす生徒も徐々に増えており、多様な進路に対応しています。マンツーマンの小論文指導や個別補習など、どのコースも生徒個々の学力を向上させる丁寧な指導が特徴です。

各学年に週2時間用意されている選択講座も特色の1つです。受験対策や資格取得、教養を身につけるものなど、生徒の学力を伸ばすとともに、学びへの興味・関心を高める講座が豊富に用意され、各自好きなものを選んで受講します。

生徒の成長を促す 高大連携と国際理解教育

大学と連携したプログラムが各学年に用意されているのも大きな魅力です。

1年次から大学が主催する司法試験や語学などの資格講座を受講できます。2年次には、全員で大学の授業を体験し、希望者には講義を1年間聴講できるプログラムが用意されています。さらに3年次になると聴講生ではなく履修生として受講し、入学前に大学の単位を先取りすることも可能です。

進学指導では、専修大学の学生から直接大学生活について話を聞く機会や、大学生になる心構えや講義について各学部の教授からレクチャーを受ける講座が用意されているので、生徒は大学、そして将来のビジョンをしっかりと描きながら高校の3年間を過ごすことができます。

ほかにも、専修大学で学ぶ留学生との交流や大学生とともに参加できるニュージーランドへの語学研修など、国際理解教育にも力を入れています。韓国、オーストラリア、アメリカの短期語学研修に加え、2014年度（平成26年度）からはカナダの中期語学研修もスタートしています。語学力の向上につながるだけでなく、現地へ行って世界の文化を実際に肌で感じることは、生徒の確かな成長につながっています。

専修大学附属高等学校は、大学付属のよさを活かした教育を用意するとともに、他大学進学も支援します。きめ細かな指導で、これからも生徒の可能性を伸ばし夢の実現をサポートしていきます。

School Navi 196

女子校　神奈川県　相模原市

相模女子大学高等部

(さがみじょしだいがく)

School Data

所在地
神奈川県相模原市南区文京2-1-1

生徒数
女子のみ929名

TEL
042-742-1442

アクセス
小田急線「相模大野駅」徒歩10分

URL
http://www.sagami-wu.ac.jp/chukou/

「わたし」が描く、未来の「私」。

学園スローガンに「見つめる人になる。見つける人になる。」を掲げる相模女子大学高等部は、幼稚部から大学院までがそろう緑豊かなキャンパスで、次代をリードする女性を育てています。

国公立大をはじめとする難関大学合格を目標にする「特進コース」、学校行事・部活動・大学受験のすべてに全力投球する「進学コース」ともに、希望進路の実現に向けた質の高い授業が展開されています。日々の授業以外にも、放課後には、講義形式・質問形式など自分に合った形式を選択できる補習が開かれ、長期休暇中には勉強合宿や特別講座も実施されています。

このように、1人ひとりに配慮した丁寧な学習指導がなされていますが、魅力はこれだけではありません。

生徒の興味に幅広く応える特徴的な取り組みの数々

敷地内に幼稚部から大学院までがそろうため、大学の栄養科学部の協力を得ながら「食育」を行ったり、保育系の進路をめざす生徒がボランティアとして幼稚部の預かり保育を手伝うことができたりと、多様な連携教育が行えるメリットがあります。さらに、キャリア教育の面でも、大学の研究室訪問や高大連携講演会などのプログラムが用意されています。

情操教育も特徴的で、「総合的な学習の時間」に茶道を体験するほか、芸術科目も他校とはひと味違った授業を実践しています。なんと、音楽ではバイオリンを、美術では陶芸を習うのです。バイオリンは初歩から学び始めても、簡単な曲が弾ける技術が身につきますし、陶芸はろくろを使用し、専用の陶芸室で色つけから焼きまで行う本格的なものです。

また、文学にゆかりのある土地を訪れる「文学散歩」、1冊の本についてみんなで感想を述べあう「読書会」などの読書に親しむためのイベントや、敷地内に咲くタンポポのDNA解析を行う「タンポポの生態調査」、ロボットの組み立てやプログラミングを体験する「ロボット学習」に参加できる点も魅力的です。

国際理解教育としては、希望者に向けてカナダ・イギリス・オーストラリアの3つの海外研修を用意しています。ホームステイや現地の高校生との交流など、それぞれに特色のあるプログラムを通して異文化交流と語学力のレベルアップをはかります。そして、修学旅行ではニュージーランドを訪れ、ファームステイで現地の人々とのふれあいを楽しみます。

生徒の興味・関心を刺激する多種多様な取り組みを行っている相模女子大学高等部は、なにか夢中になれることが見つかる、そんな学校です。

細田　宏 校長先生

埼玉県立

川越高等学校

男子校

FOCUS ON 公立高校

国際社会の発展に寄与する人材を育成する男子校

自主自立の精神と文武両道の伝統を持つ埼玉県内有数の男子進学校として知られる川越高等学校。川越藩の城下町として栄え、小江戸と呼ばれる趣き深い環境のなかにある高校です。伝統ある校風を継承・発展させ、グローバル化が進む社会で活躍できる人物の育成がめざされています。

創立115年 県下有数の進学校

「小江戸川越」の呼び名で有名な、情緒あふれる蔵作りの町並みがいまも残る環境にある埼玉県立川越高等学校（以下、川越）。1899年（明治32年）に埼玉県第三尋常中学校として設立され、その後変遷を経て、戦後の学制改革で1948年（昭和23年）に現在の校名になり、今年（平成26年）、創立115周年を迎えた男子校です。シンボルとして正門前にそびえるクスノキの大樹の姿からも、歴史と伝統を感じます。

建学の精神は、初代校長の増野悦興先生が唱えた「自主自立の青年教育」です。この精神を基に、川越高校がめざす「学校像」と「生徒像」が掲げられています。「学校像」は、

「県下有数の進学校としての期待に応えつつ、伝統ある自主自立の校風を継承・発展させ、グローバル化が進む社会の中でリーダーとなる進取の気性に富んだ良識ある人材を育成する」であり、「生徒像」は、「校歌に『華美にはしらず実に著き　智を耕して徳をしく』とあるように、智恵と徳を持ち合わせた、心と身体のバランスのとれた若者であって欲しい」となっています。

また、「不易」「流行」「向上」を「川越の今」を表すキーワードとし、伝統ある校風を継承しつつ、新たなことへ挑戦する気概を強く持ち、友人と切磋琢磨しながら高めあうことをめざしています。

細田宏校長先生は「高校時代は夢を実現するために、自らの〈志〉を立て、育み、磨く時間であってほしいと思います。そしてその〈志〉とは、人生において己のためにだけではなく、世の中のために大切ななにかを成し遂げようとする決意でなければなりません。広い視野のもと日本の将来や国際社会の発展に寄与する人材となるためには、豊かに生きる力の根源となる〈志〉の確立が大切です。夢を〈志〉に高め、充実した学校生活を送り、21世紀の社会を担うリーダーに成長していってほしいです」と話されました。

環境

グラウンド

校舎

歴史的建造物の多く残る川越市にある学校です。生徒たちは、シンボルのクスノキに見守られながら、落ち着いた教育環境で学校生活を送っています。

プール

コンピュータ室

正門前のクスノキ

情緒ある川越の町並み

自主自立の校風は学習にも顕著に表れる

川越の時間割は、2週で1セットです。土曜日に授業のあるA週の時間割と、土曜日に授業のないB週の2種類の時間割があり、A週とB週を交互に行うことで、土曜日に隔週で授業を実施することができます。

カリキュラムは、1年次が共通履修で、2年次から文系・理系のコースに分かれます。3年次には豊富な選択授業が用意され、自分の進路に合わせた科目履修が可能となっています。また、文系はさらに国公立大をめざす文系Ⅰと難関私立大をめざす文系Ⅱの2コースに分かれます。例年理系選択者の方が文系よりも多く、現在の3年生は文系4クラス・理系6クラスです。

生徒の学習意欲を育むプログラムが随所に見られることも、自主自立をめざす川越ならではといえます。なかでも、毎朝ショートホームルーム前の10分間に、教員が作成した朝自習プリントなどで自習をする「朝自習」は、自主的な学習習慣の確立に役立っています。

放課後も多くの生徒が勉強に励んでおり、図書館は19時30分まで開放されているので、部活動が終わったあとにそのまま学校で勉強する生徒も多いそうです。

随時開催される課外授業「自主ゼミ」も盛んです。早朝、昼休み、放課後などさまざまな時間を使って実施されています。「夏期講習」は各学年を対象として開催され、長期休業中もしっかりと勉強できます。

全員がテーマ研究に参加 独自のSSH授業が魅力

2度目のSSH（スーパーサイエンスハイスクール）指定を受け、4年目に入った川越。「知の融合」と「知の継承」をテーマとした多彩な取り組みが注目を集めています。独自のSSH授業「SSH基礎Ⅰ」は1年次の必修授業。地球・宇宙、生命と物質、物質とテクノロジー、数学など自然科学全分野を融合した最先端科学を大学などの研究機関と連携しながら学び、テーマ研究を行います。2年次からは選択制で「SSH基礎Ⅱ」が設定されています。

「テーマ研究は1年次の2学期からテーマごとにグループとなって研究し、2月には研究発表会も行われます。専門家による『SSH講演会』やさまざまな研究施設を訪れる『研究施設見学』、『ハワイ島実習』など貴重な体験ばかりです。近隣のSSH指定校と合同で行う『科学教室』では、高校生が小・中学生に実験や科学工作を通して科学の楽しさを伝えています。さらに、科学コンテストや国際シンポジウムにも積極的に参加しています。」（細田校長先生）

授業風景

活気にあふれた授業風景

音楽の授業

「真の実力」の育成を目標に、質の高い授業を展開する川越。授業中は教員も生徒も真剣そのもの。1時間1時間を大切にし、それぞれの実力を伸ばします。

書道の授業

英語の授業

美術の授業

本気の授業が実力を養います

新たに始められた 国際交流プログラム

グローバル感覚に基づいた視野の育成を目標に、今年度（平成26年）から新たに、国際理解教育に関する取り組みが開始しました。「川越高校国際交流プログラム　高い志、世界へ向けて！ Go Global!!」と名づけられ、3つのステップに分けられています。

STEP1は、1年生全員が参加。英語圏以外の国から講師を招いて異文化交流を行い、さまざまな国の言葉、生活、文化に触れ、グローバル的視野獲得のきっかけを作ります。

STEP2は、1～3年の希望者による疑似留学体験です。夏休みの5日間、留学生を招いて英語による多彩なテーマについての集中講座が行われます。留学生との交流を通して英語力の向上を図ります。

STEP3は、次世代リーダー育成プログラムです。アメリカのカルフォルニア州立大学バークレー校へ短期留学します。こちらも全学年から希望者が参加します。高校時代に世界最高峰の環境に身を置く体験をすることは、主体性や課題発見能力を育むと同時に、自分自身の世界観や人生観を振り返る機会となります。こうした経験から、リーダーとして必要な決断力や論理力を磨き、高い目標へチャレンジする意欲が養われていきます。

第1志望校を見据えた計画的な進路指導

進路指導も充実しています。「くすのき宿泊研修」「大学別説明会」「学部学科懇談会」「難関大学志望者説明会」など第1志望への現役合格に向けた組織的・計画的な指導が3年間行われます。

学力面では、複数回実施の全国模試のほかに、教員作成などの校内実力テストが年3回あり、実力が鍛えられる機会が設けられています。こうした指導体制が川越の難関大合格実績を実現しているのです。

最後に、川越を志望するみなさんへのメッセージを伺いました。

「本校の掲げる『不易』『流行』『向上』の3つの言葉に、生徒さんへの思いを託しています。伝統ある自主自立の校風をさらに磨きあげ、つねに新しいことに挑戦する意欲と覚悟を持ち、友とともに自己を高めあうことができる、そんなみなさんを、本校は待っています。」（細田校長先生）

部活動

蹴球部（サッカー）

古典ギター部

剣道部

応援部

全員参加の部活動では、運動部、文化部ともに熱心な活動が繰り広げられています。音楽系の部は5つあり、充実しているのも特徴です。

弓道部

吹奏楽部

地学部

2014年度（平成26年度）大学合格実績（ ）内は既卒

大学名	合格者	大学名	合格者
国公立大学		私立大学	
北海道大	13(10)	早稲田大	124(35)
東北大	7(3)	慶應義塾大	35(18)
筑波大	12(4)	上智大	34(15)
埼玉大	19(6)	東京理科大	98(53)
東京大	5(4)	青山学院大	13(5)
東京工大	8(3)	中央大	64(37)
東京外国語大	2(0)	法政大	88(40)
東京学芸大	8(5)	明治大	145(59)
東京農工大	17(5)	立教大	83(35)
一橋大	5(3)	国際基督教大(ICU)	3(0)
横浜国立大	7(1)	学習院大	24(16)
京都大	1(0)	芝浦工大	72(37)
その他国公立大	41(21)	その他私立大	289(178)
計	145(65)	計	1072(528)

School Data

所在地	埼玉県川越市郭町2-6
アクセス	西武新宿線「本川越駅」徒歩15分、東武東上線「川越市駅」徒歩20分
TEL	049-222-0224
生徒数	男子のみ1,152名
URL	http://www.kawagoe-h.spec.ed.jp/

✣3学期制 ✣週5日制 ✣火・木・金6時限
✣月・水7時限（選択科目によっては火曜も）
✣土曜4時限（年間14回） ✣50分授業
✣1・2年生9クラス 3年生10クラス ✣1クラス40名

和田式教育的指導

ラストスパートをかける前にやっておきたいこととは？この時期の勉強法を伝授！

11月もなかばを過ぎ、入試まであと2カ月ほどになってきました。いよいよラストスパートをかけるときです。今月号では、この時期にやっておきたい「苦手科目」と「課題科目」の見極めと勉強方法についてお話しします。ポイントを押さえたら、すぐにでも実行してください。

合格へ近づくキーワード「課題科目」と「苦手科目」

ラストスパートに入る時期になりました。これからは、入試までの残り時間を意識し、さらに効率的な勉強を行い、学力をアップさせていくことが重要となってきます。

そのために必要なのは、自分にとっての「苦手科目」と「課題科目」を見極めること。では初めに、「苦手科目」と「課題科目」の違いについてお伝えしましょう。

いまあなたが志望校の過去問をやってみて、１００点満点のうち英語と社会がどちらも40点だったとします。この結果を見て、「得点は同じ40点、どちらも合格点にはまだ足りないから、いままで通り勉強を続けよう」と思った人は要注意です。得点結果だけではなく、それぞれがなぜ40点しか取れなかったのか、理由まできちんと考える必要があるからです。

同じ40点でも、そこに大きな違いがあるかもしれないのです。

入試本番までに伸びる部分はどこか

まず、この2つの教科を、それぞれどのように勉強してきたか考えてみます。例えば、英語は中1のころから2年半勉強してきたにもかかわらず40点しか取れていないことに対して、社会はまだ覚えきれていない部分もあり、単に勉強不足で40点だったとしたらどうでしょうか。

つまり、英語は勉強を続けていて

和田先生のお悩み解決アドバイス!!

Question

偏差値の高い学校に入れと親のプレッシャーがつらい

Answer

受験はだれのため? 親ではなく自分のためです

受験勉強は、親のためにやるものではありません。あくまでも、自分のためにすべきものです。親としては、なるべくレベルが高くて知名度のある学校に入ってほしいと思うのでしょう。しかし、本当に自分が行きたい学校であるかどうかは、親のすすめではなく、自分自身で決めるべきです。

例えば、親が勧める学校では、入学できたとしても授業内容が高度でついていくのが難しく、宿題も多く毎日押しつけられた勉強しかできないかもしれません。一方、1ランク下がりますが、別のある学校では、自由な校風で大学受験へ向けて伸びのびと勉強ができる環境があるという場合、後者の学校をめざす方が自分には合っているかもしれません。

親のプレッシャーがあっても、自分の行きたい学校に照準を絞って、自分のために受験勉強をやっているのを親にわかってもらうことが大切です。そして、行きたい学校のどこが自分に合っていると思えるのかをきちんと親に話してみましょう。

Hideki Wada

和田秀樹

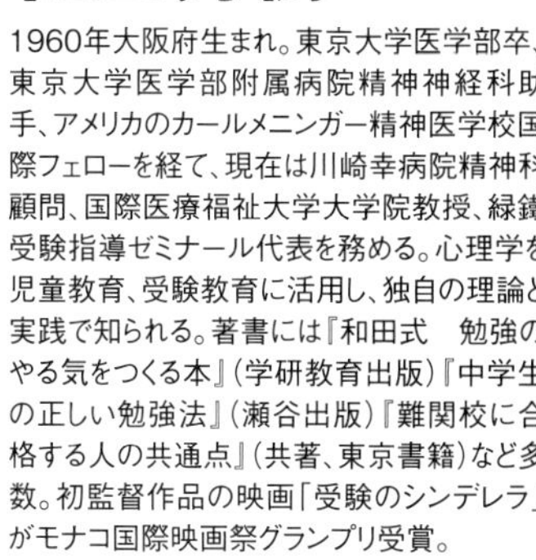

1960年大阪府生まれ。東京大学医学部卒、東京大学医学部附属病院精神神経科助手、アメリカのカールメニンガー精神医学校国際フェローを経て、現在は川崎幸病院精神科顧問、国際医療福祉大学大学院教授、緑鐵受験指導ゼミナール代表を務める。心理学を児童教育、受験教育に活用し、独自の理論と実践で知られる。著書には『和田式　勉強のやる気をつくる本』（学研教育出版）『中学生の正しい勉強法』（瀬谷出版）『難関校に合格する人の共通点』（共著、東京書籍）など多数。初監督作品の映画「受験のシンデレラ」がモナコ国際映画祭グランプリ受賞。

も「できない科目」（＝苦手科目）であり、社会は「やっていないからできない科目」（＝課題科目）だと言えます。

これからの受験勉強で重視することは、入試日までに志望校の合格点に達する学力をつけていくことです。

2年半勉強しても40点しか取れない「苦手科目」の英語を、あと2カ月先の高校入試までに克服するのは相当難しいでしょう。逆に社会は、いまから真剣に勉強することで、100点満点に近い点が取れるようになるかもしれません。伸びしろが大きいのは「課題科目」の社会であることがわかりますね。

より点数を伸ばす勉強内容を考える

これからの勉強でどちらが点を稼げる科目かといえば、「苦手科目」よりも、「課題科目」の方が可能性が高いということがわかりました。

いまの時期に時間を割いて苦手科目の克服をめざすのは時間のムダです。ここは合理的に考え、「苦手科目」の克服よりも、「課題科目」の勉強時間を増やすように、勉強内容を変えていくことが得策です。

また、「苦手科目」でも、単元で考えた場合、伸ばせる部分が見つかることがあります。

「国語が苦手だけど、漢字はしっかりと勉強する」、「英語の英作文はダメだけど、長文読解は伸びそうだから頑張る」、あるいは「英単語や慣用句の丸暗記だったらやれそうだ」というふうに、伸ばせるところを見つけて、きちんと自分のものにできれば、5点でも10点でも得点を増やせます。合格を見据えた受験作戦を立ててください。

※このページは33ページから読んでください。

〈～ので、…した〉というのは、〈～が…をさせた〉と言い換えられる。例えば、「彼が恐かったので、私は手が震えた」というのは、「彼への恐怖が私の手を震えさせた」と言い換えられる。

つまり、《Why he changed》は《What made him change》と言えるのだ。それで、(b) は、

(**What**) (**made**) him (**change**) his mind so quickly ?
＝なにが彼の考えをそんなに急に変えるように彼をさせたのか。

となる。日本語としては変な言い方だが、いかにも英語らしい表現だ。次は4。

He saved money to buy a new computer.
＝彼は新しいコンピュータを買うためにお金を貯めた。

〈～するために〉という表現は、《to ～》という不定詞でも言えるが、《so that … can ～》でもいい。それで (b) は

He saved money (**so**) that he (**could**) buy a new computer.
＝彼は新しいコンピュータを買えるようにお金を貯めた。5へいこう。

He said to me, "The bag is mine."
＝彼は私に言った、「その鞄は私のだ。」

これは直接話法だね。それを間接話法に書き換えたのが (b) だ。

He told me that the bag (**was**) (**his**) .
＝彼はその鞄が自分のだと私に言った。

(a) では mine だが、(b) では his になるのが、間違えやすいところだ。次は6にいこう。

How much is the dish he broke?
＝彼が割った皿はいくらだ。

the dish he broke は、the dish that he broke と同じだ。関係詞 that が省略されているんだね。これは、the dish that was broken by him と受動態に書き換えられる。この句の that was は省略してもかまわない。だから (b) は、

How much is the dish (**broken**) (**by**) him?
＝彼に割られた皿はいくらだ。

となる。7へ進もう。

Study hard, or you'll fail the math test.
＝よく勉強しなさい、そうでないと数学のテストで失敗しますよ。

〈～しないと〉は《if not ～ 》というが、少し古めかしいが、《unless ～》ともいう。それを用いると、(b) は

(**Unless**) (**you**) study hard, you'll fail the math test.
＝よく勉強しないと、数学のテストで失敗するぞ。

となる。次は8だ。

When I see this picture, I remember my high school days.
＝私はこの絵を見ると、高校時代を思い出す。

〈…は～を思い出す〉は《… remember ～》ともいうし、《remind … of ～》ともいう。それで、(b) は

This picture (**reminds**) (**me**) (**of**) my high school days.
＝この絵は私に高校時代を思い出させる。

3の (a) (b) と似ているね。さて、終わりが近づいてきた。最後は9だ。

Friendship is the most important for me.
＝私には友情が一番大事だ。

この文は最上級の表現だ。最上級は比較級でも表現できる。《…is the most ～》という最上級の表現は、《Nothing is more ～ than …》という比較級の表現と同じだ。だから、(b) は、

(**Nothing**) is (**more**) (**important**) than friendship for me.
＝私には友情よりももっと大事なものはない。

さあ、これで塾高の問題を説明し終えた。君にはどちらが難しかったかな？

どちらの問題も合格に結びつく重要知識が絡んでいる。

では、最後に次の言葉を君に贈る。

Unless you study hard, you'll fail the examination test.

あなたに知らせたいのです。

この文から、住所だなとわかるだろう。正解はaが頭文字だから、**address** だね。4へいこう。

to move slowly on water or in the air
＝水上や空中をゆっくりと動くこと

水上を動くというのなら「滑る」だろうが、空中なら「飛ぶ」だ。しかし、「ゆっくり」だから「滑る」も「飛ぶ」もちょっと違う。どちらもスピーディーに動くからだ。例文を読んでみよう。

Many boats were (f-　　　　) *on the pond when we went to the park.*
＝私たちが公園に行くと、ボートがたくさん池に (f-　　　) していた。

fから始まる語だというので、fly かなと思うかもしれないが、fly は「飛ぶ」でアウトだ。「ボートが池に」というので、わかるだろう。「浮かぶ」だね。ちょっと難しい単語だが、float という語がある。float は「浮く・浮かぶ」だけでなく、「浮動する」という意味でもある。

(f-　　　) の前に were があるから、過去進行形で、正解は **floating** だね。最後は5だ。

belonging to a period of history that is thousands of years in the past
＝何千年もの過去の歴史の時期のこと

「何千年もの過去」って、大昔のことだよね。例文を読んでみよう（なお、belonging はかなり難しい。「所属」とか「属性」という意味で、「～である」「～の」ということであり、この単語が形容詞であることを意味している）。

Our teacher is studying about (a-　　　　) *Roman history.*
＝私たちの先生は (a-　　　) ローマ史を研究している。

「大昔の」で、頭文字がaの単語を知っている人はかなりの英語力がある。「古代の」という意味の **ancient** だ。

さあ、早実が終わったので、今度は後攻の塾高だ。

次の各組の英文がほぼ同じ意味を表すように、各々の (　　) 内に適当な1語を入れなさい。

1. (a) We got married six years ago.
   (b) We (　　) (　　) married (　　) six years.
2. (a) He decided to study in Italy because he was interested in Italian history.
   (b) He decided to study in Italy (　　)(　　) his (　　) in Italian history.
3. (a) Why did he change his mind so quickly ?
   (b) (　　) (　　) him (　　) his mind so quickly ?
4. (a) He saved money to buy a new computer.
   (b) He saved money (　　) that he (　　) buy a new computer.
5. (a) He said to me, "The bag is mine."
   (b) He told me that the bag (　　) (　　) .
6. (a) How much is the dish he broke?
   (b) How much is the dish (　　) (　　) him?
7. (a) Study hard, or you'll fail the math test.
   (b) (　　) (　　) study hard, you'll fail the math test.
8. (a) When I see this picture, I remember my high school days.
   (b) This picture (　　) (　　) (　　) my high school days.
9. (a) Friendship is the most important for me.
   (b) (　　) is (　　) (　　) than friendship for me.

これも、とにかく解答を考えてみよう。では、解説だ。

We got married six years ago.
＝私たちは6年前に結婚した。

〈～年前に…した〉というのは過去形の文だ。その内容によっては〈(今日までずっと) ～年間…している〉という意味にもなる。《have been …　for ～》という現在完了の文で言えるわけだ。だから、(b) は

We (**have**) (**been**) married (**for**) six years.
＝私たちは6年間結婚している。

となるのだ。次は2だ。

He decided to study in Italy because he was interested in Italian history.
＝彼はイタリア史に興味を抱いたのでイタリアで学ぶことに決めた。

《because ～》という理由の表現は、《because of ～》と書き換えることができる。because のあとには文を置く、because of のあとには句を置く。それで (b) は、

He decided to study in Italy (**because**) (**of**) his (**interest**) in Italian history.
＝彼はイタリア史への興味のせいでイタリアで学ぶことに決めた。

となる。he was interested という文を his interest という句に言い換えたのだ。3へ進もう。

Why did he change his mind so quickly ?
＝どうして彼はそんなに急に考えを変えたのか。

※このページは33ページから読んでください。

教育評論家　正尾 佐の

高校受験指南書

【九拾六の巻】

今年出た難しい問題１

英語

今号から「今年出た難しい問題」シリーズだ。まずは英語からだが、今回は少し趣向を凝らして早慶戦といこう。慶應義塾側では慶早戦というのだが、ま、それはどちらでもいい。早稲田側は早実（正式に言うと、早稲田大学系属早稲田実業学校高等部）に、慶應側は塾高（正式に言うと、慶應義塾高等学校）に、それぞれ代表になってもらう。

先攻は、早実だ。

次の１～５は，ある単語の定義とその例文です。それぞれの例文の（　　）に当てはまる語を適切な形で１語答えなさい。ただし，書き出しの文字が与えられているので，その文字で始まる語を答えること。

1. the small, hard part of a plant from which a new plant grows
   My grandpa gave me a (s-　　　　). *I put it in the garden and watered it every day.*
2. a person who travels in space in a spaceship
   Mr. Toyohiro Akiyama is the first Japanese (a-　　　　).
3. the name of the place which you live at
   I'm moving, and I want to give you my new (a-　　　　).
4. to move slowly on water or in the air
   Many boats were (f-　　　　) *on the pond when we went to the park.*
5. belonging to a period of history that is thousands of years in the past
   Our teacher is studying about (a-　　　　) *Roman history.*

難しいと思っても、あえて挑戦してみたいものだ。それでは、１から解説を始めるぞ。

the small, hard part of a plant from which a new plant grows

＝そこから新たな植物が育つ、植物の小さな、固い部分

植物の成長の元だね。いったいなんだろう。わからなければ、例文を読んでみよう。

My grandpa gave me a (s-　　　　).

＝私の祖父が（s-　　　　）を私にくれた。

I put it in the garden and watered it every day.

＝私はそれを庭に植えて毎日水をやった。

もうわかっただろう。種子、植物の種だね。でも、種は英語でなんと言うだろうか。**seed** だね。次は２だ。

a person who travels in space in a spaceship

＝宇宙船で宇宙を旅する人

あ、宇宙飛行士、宇宙パイロットだ！　と気づいた人はエラ～い。例文を読んでみよう。

Mr. Toyohiro Akiyama is the first Japanese (a-　　　　).

＝トヨヒロ・アキヤマさんは最初の日本人（a-　　）だ。

秋山豊寛さんを知っているだろうか。いまから25年前、1989年に初めて宇宙へ行ったジャーナリストで、第３級宇宙飛行士の資格を持っている。そう、正解は宇宙飛行士で、**astronaut** だ。ちなみに、astro はもともとギリシア語で「宇宙、星」という意味だ。次は３だ。

the name of the place which you live at

＝住んでいる場所の名前

地名だろうか、それとも住所だろうか。

I'm moving, and I want to give you my new (a-　　).

＝私は引っ越ししますが、私の新しい（a-　　　　）を

WASE-ACA TEACHERS
東大入試突破への
現国の習慣
国語
使いこなせる熟語の幅をひろげて、
答案のレベルアップを図ろう！
田中コモンの今月の一言！
田中 利周（たなか としかね）先生
早稲田アカデミー教務企画顧問
東京大学文学部卒。東京大学大学院人文科学研究科修士課程修了。
文教委員会委員。現国や日本史などの受験参考書の著作も多数。

慇・懃・無・礼?!
今月のオトナの四字熟語
「黒白分明」

「こくびゃくぶんめい」と読みます。「白黒（しろくろ）はっきりしている」ことを意味する四字熟語ですね。「黒白（くろしろ）」を音読みすると「こくびゃく」となりますので注意です。また「白黒（しろくろ）」は音読みにしないのが普通です。あえてするならば、「びゃくこく」ではなく「はっこく」となりますので、これまた注意。「白黒分明」（はっこくぶんめい）ともいうのです。「黒は黒、白は白と、はっきりしていること」というのは、たとえとして「是非・善悪・清濁などの区別がはっきりしていること」を意味することになるのですね。

「あれ？ いつもと違うことを言ってませんか？」と気づいた生徒さんはスルドいですね！ 「グレーゾーンに照準を合わせる」ということを口をすっぱくして唱えている筆者です。「グレーゾーン」というのは「黒白分明」の対極にある捉え方ですものね。「グレーゾーン」を英語では〝ｇｒａｙ ｚｏｎｅ〟と書きます。文字通り「灰色の領域」すなわち「ものごとの中間の領域」を意味する言葉になります。二つの明確な立場をそれぞれ白と黒に見立てて、その間の段階的なグラデーション（色彩の連続的な変化）の部分を示しているのです。その「グレーゾーン」に照準を合わせて思考する、というのは、白か？ 黒か？ の単純化をやめて、あらゆる可能性を考慮するということです。「善か？ 悪か？」「賛成か？反対か？」答えだけを要求される場面においても、考え抜きましょう！ 考えることを習慣にしなくてはなりません！と、毎度毎度、筆者は皆さんに語りかけていますよね。

では「黒白分明」を取り上げることで、今回は皆さんに何を伝えようというのでしょうか？ 直接的なきっかけがあります。教え子から「小論文の答え方が分かりません」という質問を受けたことがあったのです。「先生の言うとおり、あらゆる可能性を考慮して答えようとすると…結局、答えはない！ ということになってしまうと思います。」という内容でした。実にクールな反応です。国語を勉強すればするほど、様々な意見や考え方を知ることになります。文明の歴史を振り返って、先人たちが築き上げてきた「思想」を学ぶにつれて、一つのことがらに対しても、何通りもの考え方がある、ということが分かってきます。「答えはこれだ！」なんて言えるのは、逆に勉強が足りなくて「それしか知らないだけだ！」ということが理解できるようになってしまいます。だから小論文でもこう答えるしかなくなってしまうのです。「様々な考え方があり、一概には言えない」と。

頼もしい限りです。よくぞここまで気がついた！ と教え子をほめたいところなんですが、本人にとってはいたって深刻なのです。「このままでは志望校に合格できません」と、悩んでいるわけですから。そこで実際に筆者が与えたアドバイスは次のようなものです。

小論文では「黒白分明」こそが求められているのだ！ ということを教えました。すなわち、限られた時間と情報をもとに、結論ありきで、論理の組み立てを競う知的コンテストが、そもそも小論文という形式なのだ！ ということをまず理解しなさい、ということです。不謹慎かもしれませんがインパクト重視で、こんな例を挙げてみました。不治の病におかされた患者さんに対して、特効薬を勧める場合をイメージしなさい、と。「この薬は効くかもしれないし、効かないかもしれない。人はそれぞれなので、どちらとも言えない。」これは確かに、本当のことかも知れません。ですが、こんなことを今さら患者さんに伝えても、仕方のないことだとは思いませんか？「この薬は効く。だから飲みなさい。」もしくは「この薬は効かない。だから手術（別の方法）しかない。」求められているのはハッキリとした結論なのです。小論文とは、この「結論」（薬が効くか効かないか）に向かって、論を組み立てる作業なのだ、ということです。つまり「いかに効くか」「いかに効かないか」を説得することを求められているのです。プレゼンテーションの能力だともいえるでしょう。

「現国の習慣」ということで、「立ちどまって考え抜く」という態度をすすめ、「即断即決」を戒めてきた筆者です。小論文での「黒白分明」は、「あえてする」態度だということを十分に理解してほしいと思います。「あえてやるなら派手にやったほうがいいですよね！」と、筆者のアドバイスを理解した教え子君は、見事第一志望である早稲田大学高等学院に合格を果たしてくれました。教師冥利につきる、とはこのことです。皆さんも、ぜひ彼に続いてくださいね！

グレーゾーンに照準！ 今月のオトナの言い回し「ボキャブラリー」

「語彙力」を意味する英語ですね。そもそも「語彙力」の意味が難しいですか？「ごいりょく」と読みます。「語彙」とは辞書的には「語の総体」という説明がなされますが、余計意味が分かりにくいですよね（笑）。「言葉の使い方、表現」という理解で構いません。具体的には「用語集」というニュアンスですけどね。「何々についての語彙」という意味で「何々の用語集」となるわけです。「ボキャブラリーが貧困で」という言い回しを耳にしたこともあるでしょう。「ボキャ貧」と略されることもあるようです。「私はボキャ貧で…」と言った場合には、謙遜の場合もあるでしょうが、多くは「言葉を知らない」というギブアップ宣言です。皆さん方受験生は決して「ボキャ貧」を認めないでくださいね！

分かりきったことのようですが、いまだに頓珍漢なことを質問に来る生徒がいるものですから、あえて取り上げてみました。その生徒いわく「入試国語での漢字の配点なんて、わずかなものですから、漢字の練習に時間をかけるより、読解に力を注いだほうがいいですよね？」明らかに、漢字を勉強していない、という言い訳の後押しをしてもらいたくて、質問に来ているわけです。私のところに来たのが運のツキで（笑）、とどめを刺すように筆者は告げるのでした。「漢字、とりわけ熟語が書けなきゃ、話にならない！」と。「漢字の配点は低い」などと知ったような口をきく生徒には、容赦しません。「入試本番で漢字一問が答えられなかった時の精神的なダメージをお前は知らない！」と、たたみかけます。読解問題と違って、「出来たか、出来なかったか」が、その場でハッキリと分かる漢字問題です。入試本番の真っ最中に「出来なかった」という後悔を引きずりながら、他の読解問題なんか、まともな神経で解けるわけがないだろう！ と脅します。点数以上に、精神面での「安定剤」としても、漢字問題での得点は極めて重要なのです。逆に、落とした場合の「不安感」は計り知れない、と知るべきです。

ここまで言えば、「間違っていました、ごめんなさい」となるものですが、それでも「たかが漢字」と、高をくくっている生徒も多いのではないか？ と思います。国語の答案の質を決める最大の要素こそ「ボキャブラリー」だと知るべきです。漢字熟語を使いこなして、はじめて答案は書けるものなのです。筆者が実際に東大入試で使った「熟語」を紹介しましょう。「異なる場へ重層的に参加を繰り返しながら、他者と関わり、自らの世界を広げ、より多様な人々と呼応して学んでいく」という姿勢を表現したい場合に、なんと言えばいいのか。これを「学びの交響」という一言でまとめることができるのですよ。単純な筆者は、この「交響」という熟語を思いついた時点で、「受かった！」と思ったくらいです。それが精神的にも重要なんですよ！ 語彙力は答案のレベルを決定づけますからね。

<考え方>

直径に対する円周角は直角であることを利用できるように、補助線を引きましょう。

<解き方>

(1)　弧CDの円周角だから、$\angle EAD = \frac{1}{2}\angle COD =$ **30°**

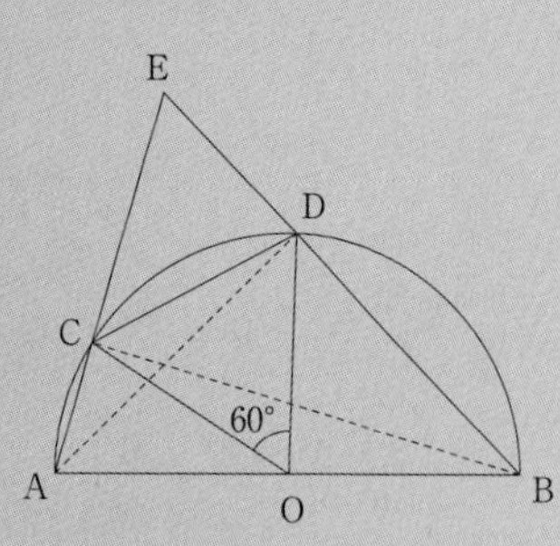

ABは直径だから、$\angle ADB = 90°$

よって、$\angle AEB = \angle ADB - \angle EAD = 90 - 30 =$ **60°**

ABは直径だから、$\angle ACB = 90°$ より、△ECBは三角定規の形

よって、EC：EB＝**1：2**

(2)　△EADも三角定規の形だから、$EA = 2ED = 2x$ より、$EC = 2x - 2$

また、$EB = x + 5$

よって、(1) より、$(2x-2):(x+5) = 1:2$ が成り立つ。

これを解いて、$x =$ **3**

(3)　$AD = \sqrt{3}ED$ だから、(2) より、$AD = 3\sqrt{3}$

よって、△DABで三平方の定理より、$AD^2 = DB^2 + AB^2$ が成り立つから、

$y = \sqrt{(3\sqrt{3})^2 + 5^2} = \mathbf{2\sqrt{13}}$

続いても、特別な三角形が活躍します。さらに、三角形の相似も活用していきましょう。

問題3

図のように，線分ABを直径とする円に線分CDが点Bで接しています。線分ADと円の交点をE，線分ACと円の交点をFとし，直線EFと直線CDの交点をGとします。AB＝BC＝2，

$\angle ADB = 30°$ とするとき，線分CGの長さを求めなさい。　（中央大杉並）

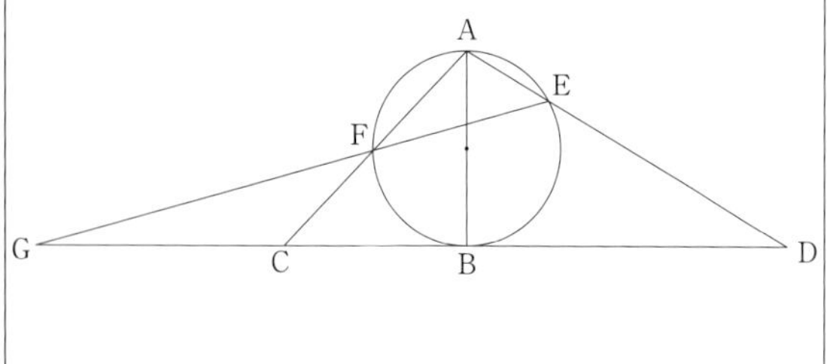

<考え方>

図中にある三角定規の形に注目し、相似を利用してGDの長さを求めます。

<解き方>

円の接線は接点を通る半径と垂直だから、$\angle ABC = 90°$

よって、△ABCは直角二等辺三角形であり、△ABDは30°、60°の直角二等辺三角形。

ゆえに、$BC = AB = 2$、$BD = \sqrt{3}AB = 2\sqrt{3}$、$AD = 2AB = 4$

下図のように、Fを通りGDに平行な直線と線分AB、線分ADとの交点を、それぞれO、Hとする。

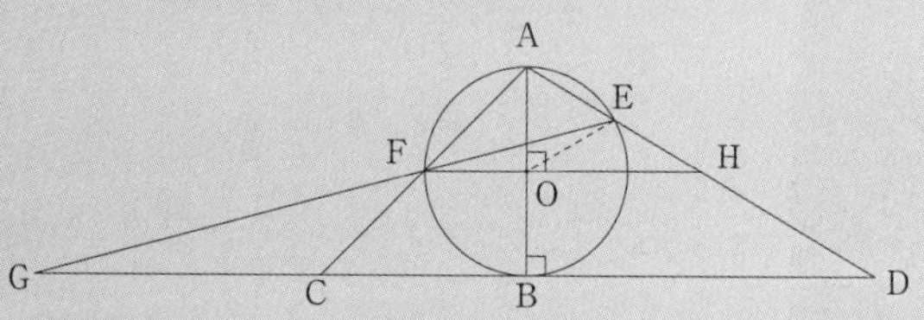

△AOF∽△ABCよりAO＝FOだから、Oは円の中心である。

したがって、△AOFと△ABCの相似比は1：2

よって、FO＝1

同様に、△AOH∽△ABDより$OH = \sqrt{3}$、AH＝2

また、△AOEは正三角形となるから、AE＝AO＝1

よって、EH＝2－1＝1、ED＝4－1＝3

FH//GDより△EFH∽△EGDだから、CGの長さを$x$cmとおくと、

FH：GD＝EH：EDより、$(1+\sqrt{3}):(x+2+2\sqrt{3}) = 1:3$

これを解いて、$CG = x =$ **$1+\sqrt{3}$**(cm)

図形の問題は、どこに着目して問題を解き始めるかがポイントになることが多いですが、そこが見えにくいのが円の特徴です。また、問題２や問題３のように、適切な補助線を引き、三平方の定理や相似の性質を利用する複合的な問題も少なくありません。

これを克服するには、円の基本定理をしっかり身につけたうえで、より多くの問題にあたって経験を積んでいくことが大切です。パターンを整理していくことで、自然と解き方のコツが身についていきますから、ぜひ頑張ってください。

WASE-ACA TEACHERS

数学

楽しみmath 数学！DX

円の基本定理を身につけて図形問題への着眼点を養う

登木 隆司先生
早稲田アカデミー 城北ブロック ブロック長
兼 池袋校校長

今月は円の性質とその応用を学習していきます。初めに、円周角の定理を用いて等しい角を見つけていく問題です。

問題1

下の図において，xで示した角の大きさは何度か。（都立・進学指導重点校グループ問題）

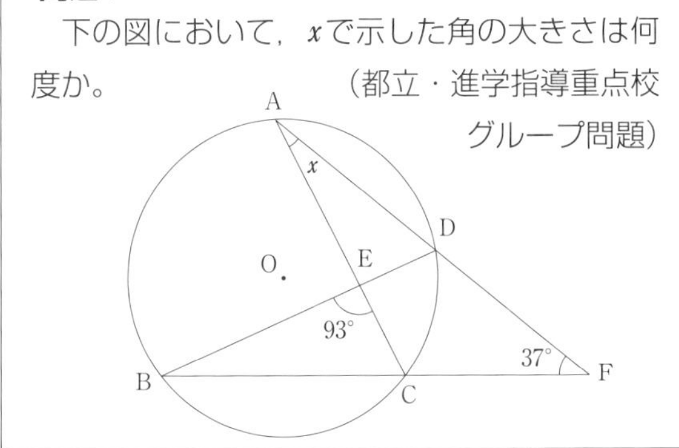

<考え方>

円周角の定理を利用して、x°、93°、37°の角を1つの三角形に集めましょう。

<解き方>

△ACFの外角だから，∠ACB＝∠CAF＋∠AFC＝$x+37$

弧CDに対する円周角だから、∠DBC＝∠DAC＝x

よって、△EBCの内角の和から、次の方程式が成り立つ。

$93+x+x+37=180$

これを解いて、$x=$**25°**

次は，円のなかに特別な三角形（三角定規の形）が隠れている問題です。

問題2

図のように，線分ABを直径とする半円Oの弧AB上に，2点C，Dを△OCDが正三角形になるようにとり，直線AC，BDの交点をEとする。

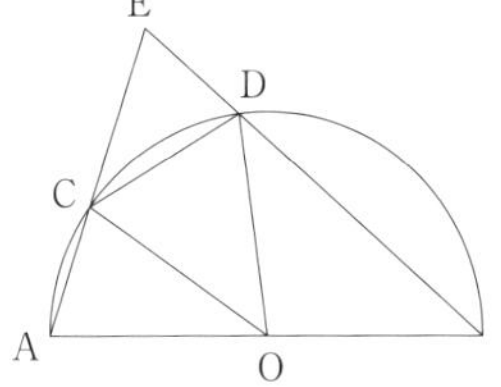

AC＝2，BD＝5，ED＝x，AB＝yのとき，次の問いに答えなさい。（慶應義塾女子・一部改変）

(1)　∠EADおよび∠AEBの大きさと，ECとEBの長さの比を求めなさい。

(2)　xの値を求めなさい。

(3)　yの値を求めなさい。

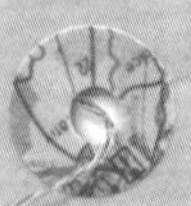

WASE-ACA TEACHERS

英語で話そう！

川村 宏一先生

早稲田アカデミー　教務部中学課
上席専門職

朝がちょっぴり苦手な中学３年生のサマンサは、父(マイケル）と母(ローズ)、弟(ダニエル）との４人家族。

今日はマイケルとダニエルが祖父母の家に泊まりに行っています。夕食はローズとサマンサ２人なので、イタリアンレストランで外食することにしました。

2014年11月某日

Rose　：Excuse me. I'd like to order please. …①
　　　　I'll have this one. …②
ローズ：すみません、注文いいですか？　これを１つお願いします。

Samantha：What do you recommend?
サマンサ　：おすすめはなんですか？

Waiter　　：Spaghetti with tomato sauce.
ウェイター：トマトソーススパゲティです。

Samantha：I'll have this one.
サマンサ　：では、それをお願いします。

Waiter　　：Is there anything else? …③
ウェイター：ほかにありますか？

Samantha：I'd like to orange juice.
サマンサ　：オレンジジュースをください。

今回学習するフレーズ

解説①　Excuse me	「すみません」と相手を呼ぶときの表現 (ex) Excuse me. Would you tell me the way? 「すみません。道を教えてくださいませんか」
解説②　I will have～	注文するときに使う表現 (ex) I will have this cake.「このケーキをください」
解説③　Is there anything else?	店員がお客さんに、ほかになにか注文があるかを確認する表現 (cf) Anything else? とも表現する。

明るい高校生活、輝かしい未来のために
早稲田アカデミー大学受験部が「高校進学、その先」を紹介します。

ハイスクールナビ

久津輪　直／
早稲田アカデミー大学受験部
統括副責任者

入試問題研究に裏打ちされた授業計画と、徹底的な教材分析に基づく緻密な授業のみならず、第一志望合格を勝ち取るまでのプロデュース力で多くの生徒を合格へと導いています。

第一志望校合格の夢に向かって「本気」で努力を続けている中3生のみなさんにとっては、目の前の入試問題でいかに点を取っていくかを鍛えていくとても重要な時期。この時期の「本気」の学習が高校に入学してから大きく活きることになり、将来における真の学力向上につながります。

>高校入試に向けての勉強=学力を高める大チャンス！

高校入試は多くのみなさんにとっては高い目標であり、この目標を乗り越えるためならば自ら厳しい課題を与えることもいとわないでしょう。そして、部活動も引退して、一心不乱に受験勉強に取り組めている今現在の状況は学力を上げるためには絶好の機会だといえます。一方、中学入試を経験して、中高一貫校に通う現中学3年生はほとんどの場合、部活の引退もなく、学校行事も充実しており、中学2年までの2年間と大きな変化もなく過ごしています。しかし、中学入試を経験して中高一貫校に通う同級生はみなさんより一足早く高校内容を学習しています。大学入試においてはこの同学年である中高一貫校生はもちろんのこと、地方に住む生徒ともライバルになるのです。確かに高校入試と大学入試とでは準備の仕方は異なります。英単語の量も、数学の単元内容の複雑さも飛躍的にレベルアップしますが、その土台は高校入試への勉強によって築くことができるのです。この時期から高校入試までの3ヶ月間の学習への取り組みによって大きな変化を生み出すことが可能なわけですから、たとえ苦しくても、現状の成績よりも高い目標を設定し、その高い目標に向かって必死になって取り組むことは、大学入試への準備という視点から考えても非常に大きなチャンスだと捉えてよいでしょう。

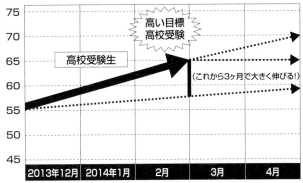

■成績イメージ（偏差値55からの推移）

75
70
65
60
55
50
45
高い目標
高校受験
高校受験生
（これから3ヶ月で大きく伸びる！）
2013年12月　2014年1月　2月　3月　4月

高校生活 Q&A

Q．高校での勉強って難しいの？

A． 高校では中学よりも学習する科目数が増え、扱う内容も高度になり、進度も非常に速くなります。例えば、数学では理系の生徒が高3時に余裕を持てるように、高1からかなりの速さで単元を進めていくカリキュラムが組まれている高校もあります。これは数学が不得意な人、文系の生徒にとっては負担が大きく、高1で数学を苦手としてしまう高校生も多くいます。文系に進む場合でも国公立大を志望する場合、数ⅡBまでは通常必須ですから、しっかりと学習し苦手科目としないことが重要です。

Q．部活や学校行事と勉強は両立できる？

A． 両立することは可能です。そもそも高校生になったら部活をがんばろうと思っている人も多いでしょう。多くの先輩方は部活で忙しいからこそ計画をしっかりと立てて実行し、しっかりと両立しています。また部活をやっている分、勉強に割ける時間が不足しますので、早めのスタートを意識して高1から学習時間を計画的に確保してください。部活引退時期は、高2秋、高3春、高3夏前のいずれかが多いです。大学入試は受験科目が多く、1教科あたりの学習範囲も広いため、時間がかかります。部活と受験勉強の両立は、受験勉強を早期に始め、計画的にこなしていくことが鍵になります。

高校生活 Q&A

Q．大学受験の推薦ってどんなものがあるの？

A． 大きく3つに分かれます。「指定校推薦」「公募推薦」「AO入試」です。「指定校推薦」は、自分が進学する高校に推薦枠があることが前提条件になります。高校内での選考にパスできれば、かなり高い確率で志望校に合格できます。「公募推薦」は最もポピュラーな推薦入試で、大学が提示した推薦条件を満たせば誰でも受験できます。難点といえば、「指定校推薦」のような確実性がないことですが、「指定校推薦」も含めて推薦入試は非常に有効な入試方法であり、一般入試よりも難関大学に合格できる可能性があります。「AO入試」は学力試験や学校の成績があまり重要視されない特殊な入試で、様々な形式で行われます。受験生の個性や適性、学ぶ意志なども重要な評価ポイントとなります。

Q．大学入試の推薦の準備って何をすればいいの？

A． 高校の推薦入試といえば中3時での成績が重要なわけですが、大学の推薦入試は高1から高3までの全ての成績の平均が評価対象になります。推薦入試に出願するために重要視されるのは学業成績で「高校3年間の評定平均が3.5以上」などの条件が大学によって提示されます。「まだ高1だから…」と油断していると、受験機会を減らすことになります。AO入試は夏休み前から準備がはじまります。エントリーシート作成、大学との面談が合格へとつながります。

みんなの数学広場

問題編

答えは次のページ

初級～上級までの各問題に生徒たちが答えています。
どの生徒が正しい答えを言っているか当ててみよう。
もちろん、当てずっぽうじゃなく、実際に問題を解いてみてね。

TEXT BY かずはじめ
数学を子どもたちに、楽しく、わかりやすく、使ってもらえるように日夜研究している。
好きな言葉は、"笑う門には福来る"。

「最近2日に1日は雨が降るね」などと言いますが、「最近4日に2日は雨が降るね」とは言いませんね。では、2日に1日は雨が降ることと、4日に2日雨が降ることは同じ確率と見ていいのでしょうか？

ただし、ここでの天気は晴れまたは、雨のみとします。

A 答えは…

同じ

日本語では言わないだけ。

B 答えは…

同じではない

世界共通だよ。

C 答えは…

アジアでは同じ

「アジアの数学」だね。

2、3、5、7、11、101、131、151、181、191…。

これらの数字はいったいなに？

回文素数

“set square”という英語を日本語に訳すと？

squareだからね。

長方形

ただのsquareじゃないから。

三角定規

squareにsetがつくとこうなる。

解答編

正解は 

2日に１日は雨が降ることを確率で表すと$\frac{1}{2}$です。これは、２日間が(あ)晴れ→晴れ　(い)晴れ→雨　(う)雨→晴れ　(え)雨→雨　の４通りのうちの(い)(う)の２通りにあたるからです。では、４日に２日雨が降る場合はどうなるでしょうか。

４日間の天気を考えると全部で以下の16通りあります。

(１)晴れ→晴れ→晴れ→晴れ　(２)晴れ→晴れ→晴れ→雨　(３)晴れ→晴れ→雨→晴れ
(４)晴れ→雨→晴れ→晴れ　(５)雨→晴れ→晴れ→晴れ　(６)晴れ→晴れ→雨→雨
(７)晴れ→雨→雨→晴れ　(８)雨→雨→晴れ→晴れ　(９)晴れ→雨→晴れ→雨
(10)雨→晴れ→雨→晴れ　(11)雨→晴れ→晴れ→雨　(12)晴れ→雨→雨→雨
(13)雨→晴れ→雨→雨　(14)雨→雨→晴れ→雨　(15)雨→雨→雨→晴れ
(16)雨→雨→雨→雨

そのうち (６)(７)(８)(９)(10)(11) の６通りが、４日に２日雨になっています。つまり確率は$\frac{6}{16}=\frac{3}{8}$になるので、２日に１日雨になることとは同じではありません。

日本だけの答えなんて数学にはないでしょう。

「アジアの数学」ってなに???

正解は A

　例えば151。これは、右から読んでも左から読んでも同じ配列です。このような数を「回文数」と言います。「きつつき」など、左から読んでも右から読んでも同じ言葉を「回文」と言うことが由来です。

　さらに数字の回文のなかで素数のものを回文素数と言います。191のあとは、313、353、373、383、727、757…とまだまだ続くようですが、この回文素数が限りなくあるのかどうかは、知られていないようです。

数字がサイクルしてるってこと？

そんな言葉、ありそうだけどね。

正解は C

　square は「正方形」です。しかし、set がつくと「三角定規」になるのです。ちなみに三角定規を英語でいうと、set square のほかに、単に triangle（これは三角形の意味もあります）、triangle ruler という言い方もあります。

set がなければ正解！

長方形は rectangle といいます。

開智高等学校

生徒に、より良い環境の中で学んでもらうために、開智高校では学習環境（施設）の改善に力を入れています。

朝7時半から夜9時まで使える「独習室」

開智高校には、大小合わせて3つの「独習室（自習室）」があります。一番大きな独習室はプラザホールの2Fにあるもので、ブース形式に仕切られた個人用のスペースが170席用意されています。また高等部棟の1Fと2Fには、高等部専用の独習室があります。1Fには全学年が利用できるものが60席、2Fには高校3年生専用のものが40席あり、やはりブース形式の個人机が用意されています。

独習室は朝7時半から夜9時まで開室しており、早朝から夜遅くまで多くの生徒たちが利用しています。またプラザホールの独習室は日曜日・祝日にも開室しており、授業がない日でも登校して勉強したいという生徒のニーズに応えています。室内は私語厳禁となっており、それぞれが黙々と自分で決めた課題に取り組んでいます。

学んだことを定着させたり、演習を行ったりするには、一人で静かに学習できる環境が必要となります。そのための施設が開智高校の「独習室」です。

みんなで勉強する「学び合いスペース」

開智高校に来ると、校舎内のあちらこちらに4～6人掛けの円形テーブルが設置されていることに気付くと思います。こちらは「学び合いスペース」と呼ばれていて、生徒どうしで教え合ったり、教員に質問したりしながら学習できる場所として使われています。一人静かに学習する独習室とは違って、会話しながら学べるのが、この学び合いスペースの特徴です。

特に職員室の一角に設置された学び合いスペースは一番人気の場所で、昼休みや放課後は常にいっぱいになっています。開智高校の職員室はオープンスペースになっているので、生徒はいつでも教員に質問したり相談したりすることができます。みんなで学ぶことで、より理解を深めることができるのが開智高校の「学び合いスペース」です。

「宿泊学習棟」で勉強合宿

開智高校では勉強合宿を春、夏、秋の年3回行っています。春と夏には近県の宿泊施設を利用しますが、秋は校内の「宿泊学習棟」を利用します。宿泊学習棟は、生徒が寝泊りするのに必要なベッドやシャワーなどの設備と各部屋ごとに勉強するための机や椅子などの設備も完備されています。ここでの合宿は、朝から夕方までは普段とまったく同じ学校生活を送り、夕食後に宿泊合宿棟で学習するという形で行われます。普段自宅で行っている学習を、みんなと一緒に行うことによって、日常の学習のあり方を点検し、その改善を図ることができます。

◆入試説明会・個別相談会

入試説明会 予約不要（説明時間 約90分）			
11月22日	土		13：30～
11月23日	祝	10：00～	13：30～
12月20日	土	10：00～	

※各日とも10：00～16：30に個別相談会（約15分）があります。
個別相談会の申込みはインターネットで9月1日より受付けています。

《高等部の学習システム》

1年生	2年生		3年生		主な受験先
S類選抜 PreT	T	理	T	理	東大・国医・京都（慶応義塾・早稲田）
		文		文	東大・一橋・京都（慶応義塾・早稲田）
S類	S	理	S	理	東北・名古屋・大阪・東工・お茶女・筑波 慶応義塾・早稲田
		文		文	
D類	D	理	D	理	千葉・外語・埼玉 学芸・横国・横市 明治・立教・中央・青学・学習院・法政
		文		文	

開智高校の入試は不合格者を出すための試験ではなく、受験生がより良い結果を求めてチャレンジするための入試です。

開智高校の入試の特色

「サクセス15」の11月号で紹介しましたが、開智高校の入試は1月22日、1月23日、1月24日の3回行われます。これらの試験は各回ごとに判定が行われ、そのうち最も上位の結果が25日の合格発表で通知されるというシステムになっています。従って受験日によって有利不利はありませんので、各自で都合の合う日程を選び受験することができます。

複数回受験した場合は、受験したすべての試験の3教科の合計に10点加点するという優遇措置が取られます。また、開智高校の入試では、D類からS類に、S類から特待にという「スライド合格」が行われていますので、試験を受けるほどスライドして合格するチャンスが増える利点があります。より上を目指すのであれば複数回受験をお勧めします。また、開智高校の入試の特徴は特待生の合格者が非常に多いことです。平成26年度入試では2、3人に1人が特待生での合格になっています。詳しくは学校説明会や個別相談会に参加いただき、話を聞いて是非チャレンジして欲しいと思います。

開智高校は単願の受験生を大切にしています。単願の受験者は2年連続不合格者がいません。開智高校で学びたいと願っている皆さんは、個別相談会でその旨を伝えてください。意欲を持って入学したいと考えている皆さんを開智高校教員は歓迎します。

「開智で学べたこと」

坂田　成美　上尾市立大石中学校卒業
２０１３年度卒　熊本大学（医学部医学科）

開智は、まさしく人が成長できる「学びの場」です。私は開智で、勉強する力、仲間と団結する力、最後まで諦めない力を学びました。

まず、勉強する力についてです。開智は、進学を目指す学生をとても応援してくれる学校です。1年次から特別講習があり、3年になると、毎日講習が行われます。

次に、仲間と団結する力についてです。私は、生徒会役員をしていました。生徒会では、ほかの役職の仲間と協力して行事を進めたり、生徒の意見を取り入れ、改善したりしました。意見をまとめるのはとても大変でしたが、このときに培った仲間との絆は今でも忘れません。

最後に、諦めない力です。受験の時、私は何度も勉強を諦めそうになりました。しかし、先生方、両親、仲間に支えられ、諦めなかったからこそ、いまの自分があると思います。開智で、私は大きく成長しました。

開智での学びの可能性は無限大です。

KAICHI
開智高等学校
高等部（共学）

〒339-0004
さいたま市岩槻区徳力西186
TEL 048－794－4599（企画広報室）
http://www.kaichigakuen.ed.jp/
東武アーバンパークライン（東武野田線）
東岩槻駅（大宮より15分）徒歩15分

世界の先端技術

search 無人大気球

教えてマナビー先生！
今月のポイント

直径は60mもあり超薄膜でできている日本の科学観測用無人大気球が達する高度で世界記録を更新している

気球BS13-08号機の放球（写真提供：JAXA）

小さいころヘリウムなどの気体の入った風船をもらった人も多いと思う。ちょっと油断をして手を放した隙に、空に飛んでいってしまった悲しい思いもしたね。あの風船はいったいどこまで飛んでいったんだろうか。

今回紹介するのは高高度の大気の状態などを観測する無人大気球だ。

高度約10～50kmの範囲を成層圏と言い、大気が大変希薄だ。

30kmまでの高度ならば、ゴム気球で観測装置を飛ばすラジオゾンデで気象観測ができる。ただ、それより高いところは難しいため、大気球と呼ばれる無人の気球が研究されている。飛行機が飛ぶ高度の３～４倍の高度で、かつては観測用のロケットでしか観測できなかった層まで飛んでいくことができる。大気球を使った観測ではロケットに比べて搭載機器の大きさや、重量の制限が緩く、打ち上げ時の衝撃もない。また、長い時間高高度を飛翔できるなどの利点がある。そのためさまざまな実験を行うことができるようになったんだ。打ち上げ費用が安いのも嬉しいよね。

最新の大気球は直径60m、厚さは2.8μmという大変薄いポリエチレンフィルムでできている。これは、スーパーでもらう袋などの厚さの約６分の１の厚さだ。なぜこんなに薄い厚さにするのかというと、大きな気球をできるだけ高高度で飛翔させるために気球自体の重量を軽くする必要があるからだ。JAXA（宇宙航空研究開発機構）では、この厚さの大気球を使ってとうとう53.7kmの世界記録の高度に達するまでになったんだ。すごいね。研究者たちはいまよりもっと高い高度で長い時間とどまっていることのできる大気球をめざして研究を続けているそうだ。

大気球は、いま問題になっている二酸化炭素などの温室効果ガス濃度がどのように変化しているかの計測や、空気が薄いことで観測できる宇宙からのＸ線やガンマ線の天体観測、気球内に積んだ装置を高高度で切り離し無重力を作る実験などに使われているよ。大気球によって成層圏の色々なことがわかってきて、もっと地球の気象が理解できるようになるといいね。

▶マナビー先生

日本の某大学院を卒業後海外で研究者として働いていたが、仕事が忙しくなり帰国。しかし科学に関する本を読んでいると食事をすることすら忘れてしまうという、自他ともに認める“科学オタク”。

Bungou Retsuden

古今文豪列伝

第1回

夏目漱石（なつめそうせき）

Soseki Natsume

夏目漱石は明治時代を代表する作家だ。1867年（慶応3年）2月、東京・牛込（現・東京都新宿区）に、名主の末っ子として生まれたんだ。幼名、金之助。彼は庚申（こうしん）の日に生まれたんだけど、この時代、庚申の日に生まれた者は大泥棒になるという迷信があり、名前に「金」の字を入れると、大泥棒にはならないとされていたため、金之助と名付けられたという。

帝国大学（現・東京大）英文科を卒業したのち、愛媛県の松山中学、熊本県の第五高校などで英語の教師として勤め、さらにイギリスに留学した。だけど、日本とイギリスの文化ギャップに悩み、神経衰弱になってしまった。いまでいうノイローゼだね。

帰国後は東京大の講師になったけど、やがて小説を書き出した。学生時代の友人で、近代俳句、短歌の父ともいわれる正岡子規が出していた文芸誌『ホトトギス』に『吾輩は猫である』を発表したんだ。1905年（明治38年）のことだね。この小説はネコが主人公で、わかりやすい口語調で、かつ庶民の目線で書かれていたことから評判になり、ベストセラーになった。明治時代の庶民の生活を知ることのできる小説でもあるんだ。漱石の代表作であると同時に出世作だね。

同じ年に留学時代のことを書いた『倫敦塔（ろんどんとう）』を、翌年には愛媛県松山市を舞台にした『坊っちゃん』、熊本県を舞台にした『草枕』などを発表した。これらの小説は浪漫的傾向の作品といわれ、自然主義文学と対立したとされる。

その後、『野分』『虞美人草』を発表、さらに『三四郎』『それから』『門』の三部作を発表した。

三部作は生きることの不安定さを訴えた小説といわれるけど、人生の意味を問いかける内容ともいわれている。

当初は『吾輩は猫である』や『坊っちゃん』など、ユーモアあふれる作品が多かったけど、次第に、自己の内面と向きあうようになっていったんだね。

漱石には胃潰瘍の持病があって、伊豆の修善寺に滞在中、大量に血を吐いて死線をさまよう経験をした。大患ののち、知識人の苦悩をテーマにした『行人』『こゝろ』を相次いで発表、朝日新聞に『明暗』を連載中の1916年（大正5年）12月、胃潰瘍からくる内出血を起こして死去した。満49歳だった。

～夏目漱石　代表作～

『坊っちゃん』

310円＋税
新潮文庫

1906年（明治39年）、『ホトトギス』に発表された。漱石は1895年（明治28年）から1年間、愛媛県松山市の松山中学（現・愛媛県立松山東高校）に英語教師として赴任したが、その体験をもとに、青年教師の奮闘ぶりをユーモアたっぷりに描いた。

先輩に聞け！

大学ナビゲーター

国際基督教大学

教養学部
アーツ・サイエンス学科　4年
山口(やまぐち)　沙耶(さや)さん

ICUならではの特色ある取り組みの数々を存分に活用しています

海外体験を通して進みたい道が決まった

――国際基督教大（以下、ICU）に入学したのはなぜですか。

「元々は国公立大志望でしたが、併願校を探すにあたって親戚の方にICUをすすめられ、パンフレットを見てみると、とても面倒見がよさそうな学校で好感を持ちました。国公立大志望といっても、周囲のすすめで決めたフシがありましたが、初めて自分から『行きたい』と思えたのがICUでした。また、興味のある分野が多々あり、どれを深く学ぼうか迷っていたので、3年次から専修分野を学べるというスタイルも気に入りました。」

――どのように面倒見がいいのですか。

「准教授以上の先生が『アドバイザー』として生徒1人ひとりについてくれます。入学時に決まった先生が3年間受け持ってくれて、履修に関することなど色々な相談にのってくれます。履修届けや留学手続きなども先生のサインが必要なのですが、とても気さくな方だったので、話すのが毎回楽しみでした。ちなみに分野に関係なく担当が決まるので、私のアドバイザーは化学の先生でした。4年生になると、専修分野の先生がアドバイザーとして卒論を担当してくれます。

また、多くの講義が20～30人の少人数で行われるのも特徴的で、『コメントシート』というものが導入されています。活用の仕方は先生によって違いますが、おもに授業の感想や質問を書いたりします。書かれた内容をもとに授業を組み立てる先生がいたりと、生徒とのやりとりを大事にしている先生が多いですね。

ほかにも特徴的な制度がありますが、パンフレットを見たときにとくに惹かれたのがこの2つの特徴です。」

――現在どんなことを学んでいますか。

「ICUは学部が教養学部しかなく、1.

2年のうちはさまざまな分野を幅広く学び、2年次の終わりにメジャー（専修分野）を決めるシステムをとっています。

1年次は大半の講義が英語に関するものでした。入学時のテストでクラスが分けられ、私のように帰国子女でない人はとくに英語の講義のウェイトが大きく大変でしたが、留学先でも十分通用するレベルの語学力が身についたと思います。

2年次からは経済学、社会学、国際関係学など、興味のある分野の講義を色々と履修しました。なかでも経済学は、論理的に物事を説明でき、理論がしっかりしている点がおもしろいと感じ、メジャーに選びました。経済学の講義は難しく、完成までに1週間ほどかかる課題がたくさん出されたりしますが、アルバイトと両立させながら頑張っていました。」

――留学はしましたか。

「去年の8月から今年の5月まで、交換留学のプログラムでアメリカのオハイオ州にある大学に通っていました。そのほか、1年次は語学研修という形でオーストラリアに6週間、2年次には現地のNGOの方々と連携しながらボランティア活動を行う『サービスラーニング』というプログラムで韓国に1カ月滞在しました。どれも大学主催のプログラムです。」

――卒業後の進路を教えてください。

「サービスラーニングを体験したことで、公的機関で働きたい気持ちが芽生えましたが、日本では就職活動をするのが一般的なこともあり、将来を模索していました。しかし、アメリカ留学中に出会った学生の多様な生き方を見て、大学院試験に挑戦することを決めました。

卒業後は、公共政策の分野での活躍が見込める東京大の公共政策大学院に進学します。政府が掲げた、女性管理職を3割に、という目標を達成するにはどうしたらいいのかなど、女性の働き方について掘り下げて考えていきたいです。」

▲韓国でのサービスラーニングの様子。

▼天気がいい日に屋外で講義を行うところもICUの魅力です。

【留学中の思い出】

アメリカ留学中の生活はのんびりゆったりしていたので、ストレスがなく、快適に過ごせました。また、知らない人にも気軽に話しかけるように対人関係で壁を作らない人が多いので、さまざまな人と交流することができて楽しかったです。

ICUには多彩な国際交流プログラムが用意されているため、周りにも留学する友人が多くいました。安全面も配慮されていますし、プログラムを通して学べたこともたくさんあったので、活用してよかったです。ICUはなにかしたいと思ったら、なんでもそろっている大学だと思います。

【独自の勉強法】

同じ科目を続けてやっていると集中力が途切れてしまうことがあったので、そんなときは15～30分くらいで取り組む教科を変えていました。そうすると、飽きることなく長い時間勉強できました。

また、単語帳を使って英単語を覚えようとしてもなかなかできなかったので、あるとき潔く使うのを諦めました。そして、長文などを読みながら覚えていくようにしたところ、徐々に頭に入ってきました。自分に合う方法を探すのも大切かもしれません。

【同じクラスにライバルが】

塾の同じクラスに、全国規模の模試でトップ5に入るような子がいました。その子と机を並べて勉強することで変なプレッシャーを感じたこともありますし、成績を比較されることもあったので、つらい思いもしました。でもいま思えば、身近に目標となる存在がいることもよかったのかなと思います。

【受験生へのメッセージ】

目標さえあれば、たとえ勉強がつらくなったとしても目標達成のために踏ん張れると思います。私は大学院試験のための勉強を始めるのが人より遅く、準備期間も短かったので、落ちてしまうかもしれないという不安を抱えていました。しかし、どうしても進学したかったので、「ダメだったらもう1年チャレンジする覚悟でやろう、でもやっぱり今年受かりたい！」という強い気持ちで臨みました。進学したいという目標があったからこそ、最後まで頑張れたと思うので、まずはどんな小さなものでもいいので、目標を持つことから始めてほしいです。

ミステリーハンターQの
歴男歴女養成講座
春日 静
中学1年生。カバンのなかにはつねに、読みかけの歴史小説が入っている根っからの歴女。あこがれは坂本龍馬。特技は年号の暗記のための語呂合わせを作ること。好きな芸能人は福山雅治。
山本 勇
中学3年生。幼稚園のころにテレビの大河ドラマを見て、歴史にはまる。将来は大河ドラマに出たいと思っている。あこがれは織田信長。最近のマイブームは仏像鑑賞。好きな芸能人はみうらじゅん。
ミステリーハンターQ（略してMQ）
米テキサス州出身。某有名エジプト学者の弟子。1980年代より気鋭の考古学者として注目されつつあるが本名はだれも知らない。日本の歴史について探る画期的な著書『歴史を掘る』の発刊準備を進めている。

自由民権運動

今月は、明治時代に起こった「自由民権運動」を学ぼう。藩閥政治打破、国会開設、憲法制定などを求めた政治運動だ。

静 明治時代には、「自由民権運動」というのがあったのよね。

MQ 明治維新後、政府は憲法を作り、立憲政治を行うことを目標に掲げたけど、なかなか実行できなかった。

勇 確か、議会も作れなかったんだよね。

MQ 征韓論に破れて下野した板垣退助、後藤象二郎らが、１８７４年（明治7年）、民撰議院設立建白書を政府に提出したのが、運動の始まりとされる。

静 民撰議院って？

MQ 国民によって選ばれた議員による議会のことだね。現在の国会だ。

勇 なぜ、すぐに議会は開設されなかったの？

MQ 新政府ができて間がなく、農民一揆なども頻発し、地方では不平士族がいるなかで、選挙で反政府的な議員が多数当選することを恐れたんだね。また、制度や仕組みもはっきり決まっていなかった。

静 自由民権運動は反政府的だったのね。

MQ 板垣らは愛国公党を設立、さらに土佐に立志社を結成して運動を行い、九州や四国に同様の結社がたくさんできた。立志社は自由党に発展していく。

勇 じゃあ、政府も無視できなくなったんだね。

MQ 当初は不平士族が中心だったけど、運動は農民層を取り込んで、地方議会開設を掲げ、全国的に広がったんだ。１８８０年（明治13年）には国会期成同盟が結成され、20万人が署名した。しかし、政府は時期尚早だとして弾圧をしたため、暴動が起こったんだ。

静 ずいぶんと激しい展開ね。

MQ 地方の自由党員は農民を巻き込んで福島事件、群馬事件、加波山事件、秩父事件などを起こし、政府と激しく対立した。

勇 議会はどうなったの？

MQ 政府はこうした動きに押されて、議会の開設を決定、１８８５年（明治18年）に内閣制度が発足、１８８９年（明治22年）に大日本帝国憲法が発布され、１８９０年（明治23年）に衆議院と貴族院からなる帝国議会が開設されたんだ。

静 議会ができるまでに色々なことがあったのね。

MQ 議会が開設されたことで、自由民権運動は終息し、民権政党は議会政党に脱皮して、政府との闘いは議会に舞台を移していくことになるんだ。

あれも日本語 これも日本語

NIHONGO column no.58

「ヒツジ」にちなんだ慣用句

来年はヒツジ年だね。

ヒツジは漢字で「羊」、干支の場合は「未」と書く。時間でいうと午後2時ごろ、方角は大体南西だ。そこで「ヒツジ」にちなんだ慣用句や四字熟語を調べてみた。

「多岐亡羊」。「岐」は分かれ道という意味で、ヒツジを追っかけて行ったけど、分かれ道が多くて見失ってしまった、という故事から、学問の専門が細かすぎて、真理にたどりつけないことをいう。さらに転じて、方針や方法が多すぎて、目的を達せられない、という意味でも使われる。「営業成績をあげるためにさまざまなことをやろうとしたけど、どうしていいかわからなくなっちゃった。多岐亡羊だ」なんて使う。

「羊頭狗肉」はヒツジの頭を看板に掲げながら、実際はイヌの肉を売ること。そこから、見かけは立派に見せながら、中身は大したものではないこと。「文化祭で世紀のマジックショーって書いてあったから行ってみたけど、ちゃちなトランプの手品だった。羊頭狗肉だよ」なんて使う。

「羊腸」はヒツジのはらわたという意味。そこから曲がりくねっている山道のことをさす。唱歌「箱根八里」にも「羊腸の小径は苔滑らか」とあるね。「この間、ハイキングに行ったんだけど、山道が羊腸で疲れた」なんていうよ。

「群羊をもって猛虎を攻む」は、弱いヒツジをたくさん集めて、強い虎を攻めることで、そこから弱くても数を頼めば、強い者に対抗できることをいう。

「屠所の羊」は文字通り、殺される場所に連れて行かれるヒツジのことで、とんでもない目にあって、がっかりした様子にも使われる。「彼は試験で悪い点を取って、先生に呼ばれた。屠所の羊みたいだった」なんてならないようにね。

「羊の皮をかぶった狼」は恐ろしいオオカミが、おとなしいヒツジの皮をかぶって、ヒツジになりすまして、悪いことを企てていることのたとえだ。「あいつは本当は乱暴者なのに、この間、羊の皮をかぶって、ねこなで声を出していた。なにか悪いことをするんじゃないか」なんて使う。いい意味じゃないね。

あたまをよくする健康

今月のテーマ

肩こり

ナースであり
ママであり
いつも元気な
FUMIYOが
みなさんを
元気にします!

by FUMIYO

ハロー! Fumiyoです。「かあさんお肩をたたきましょ～♪」という童謡、知っていますか? この歌を歌いながら肩たたきをするのが、私の子どものときの仕事でした。

昔は、肩こりは大人だけがなるものだと思っていましたが、最近では大人に限らず、学生のなかでも見られるようです。みなさんも、例えばテスト前、いつも以上に長時間勉強したとき、肩こりを感じたことがありませんか? 勉強以外にも、スマホなどを同じ体勢で操作し続けることも肩こりを引き起こす原因の1つです。それでは、今後、長いおつきあいになるかもしれない肩こりについて見てみましょう。

まず、「肩こり」とはいったいどんな状態のことをさすのかというと、原因を問わず、肩・首・肩甲骨周りの筋肉の血行不良によってうっ血やむくみが生じ、こり・はり・重苦しさ・痛みなどを感じる自覚症状のことを言います。

そして、肩こりが起こる原因は、次の3つに大きく分けられます。

①**整形外科の疾患に伴う肩こり**…変形性頚椎(けいつい)症・頚椎椎間板ヘルニア・頚椎捻挫(ねんざ)・肩関節周囲炎（五十肩）などがこれにあたります。

②**その他の疾患に伴う肩こり**…高血圧症・狭心症・うつ病・眼精疲労・風邪・歯周病などによっても肩こりが発症することがあります。

③**原因が明らかでない肩こり**…ストレス・悪い姿勢・運動不足などが原因であることが多いようです。

①、②の疑いがあるときは、まず病院へ行きましょう。③のように、日常生活の習慣から肩こりが引き起こされる場合には、次に紹介する対策を取り入れることで、改善できるかもしれません。

・身体を温める

こっている場所に溜まっている老廃物は、血行がよくなると流れていきます。こっている部位を部分的に温めるのはもちろん、入浴時に湯船に浸かることも効果的です。熱すぎるお湯は血管が収縮し、かえって老廃物の流れを悪くしてしまうので、肩こりを改善したいときは、ぬるめのお湯にいつもより長めに浸かってみましょう。

・マッサージ

こっているところをゆっくりと揉みほぐすことで、緊張していた筋肉がほぐれ、血流がよくなっていきます。しかし、強い力で揉んでしまうと筋肉を痛めてしまうことがあるので、「痛いけど気もちいい」と感じるくらいのほどよい力でマッサージするようにしましょう。

・こりに効く運動

首をゆっくり回すなどのストレッチも、首の筋肉をほぐすのに効果的です。とくに肩こり解消には、肩回しがとても効きます。肩甲骨を寄せるように回すと、猫背の改善にもつながりますよ。スムーズに動かないところはゆっくり丁寧に動かしてくださいね。

そのほかにも、インターネットで検索すると肩こりに効くストレッチを色々と見つけることができます。肩こりに悩んでいる人は、毎日続けられそうな方法を探して、勉強の合間にぜひ試してみてくださいね。

Q1

英語では肩こりをなんというでしょうか?

①Katakori　②Stiff shoulder　③Stiff pain

正解は、②Stiff shoulderです。
「stiff」には、曲がらない・硬いという意味があります。まさに「こっている」という感じがします。①はローマ字ですからさすがにありえませんね。

Q2

このなかで1番肩こりの解消に効果的でない食べものは?

①大豆　②梅干し　③アイスクリーム

正解は、③のアイスクリームです。
大豆（ビタミンEは血行をよくする）や梅干し（クエン酸が疲労回復になる）が肩こりにいいようです。一方のアイスクリームは身体を冷やしますから、あまりおすすめできません。

SUCCESS NEWS

サクニュー!!

ニュースを入手しろ!!

産経新聞編集委員
大野 敏明

◀PHOTO
噴煙が上がる御嶽山へ、捜索活動に向かう自衛隊ヘリコプター（2014年10月7日午前、長野県王滝村）写真：時事

今月のキーワード

日本の活火山

9月末に岐阜県と長野県の県境にある御嶽山が噴火し、60人を超す死者・行方不明者が出ました。ちょうど紅葉のシーズンで、多くの登山客がいたことが被害を拡大させました。死者・行方不明者としては、1991年（平成3年）の長崎県の雲仙普賢岳の噴火による43人を上回る戦後最悪の火山災害となりました。

日本は火山国です。気象庁や火山噴火予知連絡会（予知連）の定義では、過去1万年以内に噴火をしたり、現在、活発な噴火活動をしている火山を活火山といいます。それに従うと、現在の日本には海底火山を含め110の活火山があります。

しかし、1万年前に噴火し、その後活動をやめている火山と、現在も噴火をしている火山を同列に置くわけにはいかないので、予知連では110の活火山を、活動が活発な順にＡＢＣに分けています。海底火山や北方領土の火山はランクの対象外としています。

予知連はこの区分とは別に、噴火の可能性や社会的な影響などを考慮して、監視・観測の必要度の高い47火山を選定し、うち23火山を近年、噴火活動をしている火山として、要注意としています。

23火山には、今回噴火した御嶽山はもちろん、北海道の雌阿寒岳、有珠山、十勝山、秋田県の秋田駒ヶ岳、群馬県の草津白根山、熊本県の阿蘇山、鹿児島県の桜島などが含まれています。

また、過去100年以内に火山活動が高まりを見せている18火山には北海道の大雪山、岩手県の岩手山、宮城県の栗駒山、宮城・山形県境の蔵王、福島県の磐梯山などが指定されています。

過去100年以前に噴火の見られた４火山には、世界遺産にも登録された富士山が入っています。

関東地方でも、江戸時代には群馬、長野県境の浅間山の噴火で多くの被害者が出ましたし、1707年には富士山が噴火して、大量の火山灰が遠く江戸（現在の東京）でも降りました。また、2000年（平成12年）には伊豆諸島の１つ、三宅島の雄山が噴火し、全島民が長期間にわたって島から避難したこともありました。

このようにみてくると、日本列島は北海道から九州・沖縄まで、多くの火山をかかえていることがわかります。

噴火による被害は人的なものはもちろん、農作物などにも大きな影響を与えます。現在、噴煙をあげている山だけでなく、活動していないようにみえる山でも、厳重な注意が必要です。

『93番目のキミ』

心を持ったロボットがみんなの心を変えていく

◆『93番目のキミ』

著者／山田 悠介
刊行／文芸社
価格／1100円＋税

今月の1冊

サクセス書評

12月号

主人公は自分勝手でチャラチャラした大学生の植木也太（うえきなりた）と、日本の自動車メーカーが開発した二足歩行型ロボットのスマートロボットⅡ、通称『スマロボⅡ』。

このスマロボⅡは、身長1m、体重55kgで、也太いわく「月面に着陸した『宇宙飛行士』」という外見ながら、専用のアプリ「相棒アプリ」をダウンロードすることで人間のように心が宿り、感情を持つようになるという画期的なロボットだという。

昔からロボットが好きで、周りからは「ロボットオタク」と言われていた也太は、このスマロボⅡを手に入れると彼に「シロ」と名づけ（ボディが白かったし、ほかに思い浮かばなかったから）、早速飲み会へと連れて行く。もちろん自分が注目されて、女の子にモテたいからだ。

そこで出会った佐竹都奈（さたけとな）にひと目惚れしてしまうのだが、まったく相手にされなかった也太。しかし、のちに思わぬ形で再会すると、彼女に気に入られたい一心で、都奈に誘われるまま、シロといっしょに病院でのボランティア活動に参加することになる。ここでさまざまな病状の子どもに出会い、彼、彼女らに喜ばれた也太の心境に変化が…。

この小説の見どころは3つあり、1つは也太の恋の行方。はたして都奈は振り向いてくれるのか。

2つ目が也太とシロの掛け合い。シロはまるで人間のように也太やほかの人の発言、行動に反応し、話し、行動するため、也太とのやり取りはときに漫才のようでもある。

3つ目が、都奈の年の離れた弟・和毅（ともき）と也太、シロの心の交流だ。小学6年生の和毅は生まれつき身体が弱く、そのために周りから気をつかわれすぎることがイヤで、普段は粗暴な振る舞いをしてしまう。そんな彼に、もしかすると精神年齢が同じぐらいの也太と、彼らよりよっぽどオトナで優しいシロはどう接していくのか。

山あり谷あり、事件あり、そして涙ありの1冊は、330ページもあることを感じさせない展開で、グイグイと引き込んでくれるだろう。

笑いと癒しの動物映画

猫侍

2014年／日本
監督:山口義高

『猫侍』
Blu-ray発売中
5,800円＋税
発売元:「猫侍」製作委員会
販売元:株式会社KADOKAWA メディアファクトリー

「猫派vs犬派」の時代劇コメディ

みなさんは猫好きですか、それとも犬好きですか？　本作は江戸を舞台に「猫派」と「犬派」が抗争を繰り広げる時代劇コメディです。

猫派、犬派の家々には、それぞれ用心棒をつけるほど大切にしている猫と犬が1匹ずついます。大きな瞳が印象的な猫の玉之丞を飼っているのは相川一家、愛嬌のある秋田犬の甚太郎をかわいがっているのは米沢一家。両家は猫の方がかわいい、いや犬だと対立しています。

ある日、奉行が飼っている猫と玉之丞とのお見合い話が持ち上がりました。縁談がうまくいくのはおもしろくないと考えた米沢一家は玉之丞を始末しようとします。仕事を頼まれたのは武士の斑目久太郎。彼は相川家に乗り込みますが…。

玉之丞のなにかを訴えかけるような表情は犬派でもかわいいと思うこと間違いなし！　用心棒の目を逃れ自由に家のなかを動き回るひょうひょうとした甚太郎にも癒されます。

劇中では斑目の心の声がたびたびつぶやかれ、強面（こわもて）の見た目とは裏腹のとぼけた独り言に笑いを誘われます。

ドクター・ドリトル

1998年／アメリカ
監督:ベティ・トーマス

『ドクター・ドリトル』
DVD発売中
1,419円＋税
20世紀フォックス ホーム エンターテイメント ジャパン

もしも動物と話すことができたら!?

みなさんも動物と話せたらいいなと思ったことが一度はあるのではないでしょうか。しかし、実際にそんな奇跡が起こったら、大変なことになるようです。

「ドリトル先生」といえば、動物と会話ができる医師を描いたイギリスの児童文学として世界的に有名ですが、この名作を現代版にアレンジしたのがこちら。

幼いころは動物と会話ができたドリトルでしたが、いつのまにか話せなくなっていました。しかし、あることから再び動物の言葉がわかるようになったのです。すると色々な動物たちがドリトルの元を訪れるようになりました。酒好きのサル、悩みを抱えたトラなど、100種類以上もの動物たちが出演、注目すべきは動物たちの名演です。とくに犬のラッキーの初登場シーンは迫真の演技です。さらに表情やセリフに合った口の動きなどには精巧なCGが施され、まるで動物たちが本当に話しているかのようです。

笑いあり、涙ありのハートウォーミングストーリー。ドクタードリトルシリーズは全5作となっており、続編にもおなじみの動物たちが登場しています。

きな子
～見習い警察犬の物語～

2010年／日本
監督:小林義則

『きな子～見習い警察犬の物語～』
DVD発売中
2,800円＋税
発売元:松竹
販売元:松竹

夢を追い続ける半人前コンビ

厳しい訓練を乗り越え、選ばれた犬だけがその役目に就くことができる警察犬。警察犬たちは、ただ優秀でたくましいというだけではなく、人間への献身的な愛情を持っています。

杏子は、警察犬の名訓練士であった亡き父のあとを追いかけ、見習い訓練士としての第一歩を踏み出します。その訓練施設で、病弱なラブラドール・レトリーバーのきな子に出会います。その元気のない様子から、「もはや警察犬は無理だろう」と周囲から言われていましたが、きな子に愛情を感じた杏子は自ら訓練することを名乗り出るのでした。

半人前コンビが諦めることなく懸命に訓練に取り組み努力する姿は見ていると励まされ、頑張ろうという気持ちにさせてくれます。同じ夢を追いかける1匹と1人のきずな、そして互いを思いやる愛情に心が温まります。

本作は実話をもとにした物語です。きな子は警察試験に何度も落ち続けた実在の犬。失敗ばかりのドジな犬として有名になったきな子ですが、癒されるかわいらしい姿から地元香川の人気者です。

なんとなく得した気分になる話

生徒　先生

身の回りにある、知っていると
勉強の役に立つかもしれない知識をお届け!!

「駅弁」の三種の神器といえば、玉子焼き、焼き魚、かまぼこだったけど、いまは変わってきているんだ！と、前号で熱弁していた先生。

今回は新しい駅弁を求めて行ってきた。

どこに？

長野なんだよ。

りんご？

ではなく、「うまダレ肉巻き縁むすび」という駅弁なんだ。数年前に仕事で長野に行ったときに、新幹線に乗る前に買って食べたのが懐かしくてね。それで買いに行ったんだよ。

新しくないじゃん。

そう。ところが、「うまダレ肉巻き縁むすび」がなかったんだ。どうやら、販売をやめたらしい。

それで新しいのを買わざるをえなかった。

まあ、そういうことだ。

で、なにを買ったの？

「信濃の国　食浪漫」という駅弁。

ロマンなんてすごいね。

ただのロマンではない、漢字の浪漫なんだ。

漢字になると駅弁の中身って変わるの？

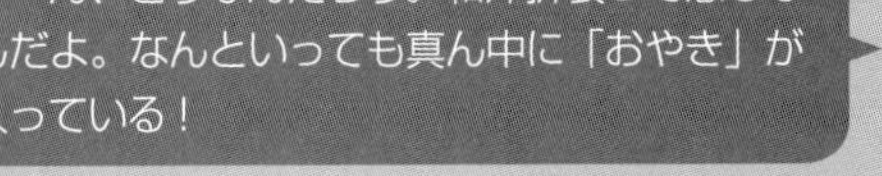

うーん、どうなんだろう。和洋折衷って感じなんだよ。なんといっても真ん中に「おやき」が入っている！

おやきってなに？

そこからぁ？　おやきというのは、信州の名産で、簡単に言えば、野菜を小麦粉で包んだおまんじゅうだよ。小麦粉でできたおまんじゅうだから、オヤツみたいな感じなんだけど、しっかりとお腹にたまって野菜も食べることのできるすばらしい食べものなんだよ。さらに、この駅弁は"地産地消"のお弁当でもある。

駅弁 その2

地産地消？

そうだ、地産地消を知っているかい？

知らない。

地産地消とは、地元で生産されたものを地元で消費することをいう。この駅弁「信濃の国　食浪漫」の場合、おやきのほかにも信州ポーク、信州サーモン、信州黄金卵などが入っているんだ。地元のものを使って駅弁ができているわけだ。

ということは、仕事で行ったとしても、ちょっとした観光気分になれるわけだね。

しかも経済的にも貢献できる。仕事で行ったのに地域の役に立ちながら、旅行したような気持ちにも少しなれるわけだから、駅弁は偉大なのだ。

でも先生の場合は、駅弁を求めての旅だったから仕事じゃないよね？

君はすぐに人のアゲアシをとる。

先生が矛盾して話すからいけないだけだよ。興奮しないでよ。

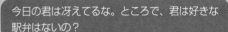

今日の君は冴えてるな。ところで、君は好きな駅弁はないの？

駅弁なんて普段食べないでしょ。だからわからないよ。

今度、駅弁を買う機会があったらよく見てごらん。楽しいぞ～。

でもその前に、そろそろ志望校を決めないといけないんだ。

どうした？　いつもの突っ込みはないのかい？

旅する前に、まず勉強！

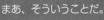

ますます君らしくない。

その前に腹ごしらえ。腹が減っては戦はできぬ！　先生、おいしい駅弁買ってきて！　選ばせてあげるから！

今回はそうきたか…。

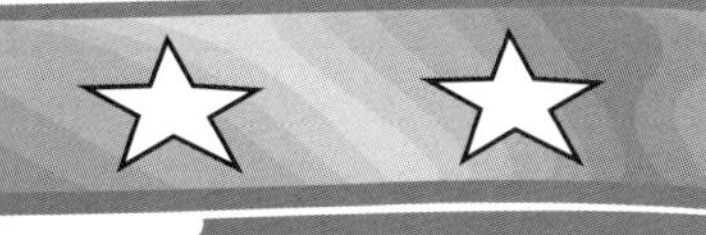

過去問の正答率がなかなかあがりません。

本格的に受験勉強を進めている中3生です。志望校の過去問を解き始めてみましたが、なかなか解くことができません。正答率もさんざんです。このような状態だったら、いまからでも志望校を変えるべきですか。

（杉並区・中3・KT）

諦める前により多くの過去問に触れましょう。

高校受験に限らず、入試準備において、志望校の過去出題問題、いわゆる過去問を研究することは最善の学習方法でもあり、必ずやっておいた方がいいことです。しかし、入試問題というのは受験における学習が完成した時期に行うものですので、受験勉強の途中過程においては、納得できるような正解率に到達できないのは当然のことと言えます。

もちろん、志望校の過去問がスラスラ解けているのであればよいのですが、そうした場合は志望校選択が本当に適切なのかどうかという別の問題もあるかもしれません。

入試問題は、中3までに習った全範囲をカバーして総合的な力を試すために、さまざまな角度から練りに練って作問されていますので、過去問を解いて「難しい、歯が立たない」と感じるのは、ごく普通のことなのです。大切なことは、正答を得られたかどうかではなく、その問題を通じて、自分の弱点やこれから補強する事項を発見し、そこをマスターしていくことです。

また、入試問題の攻略には「慣れ」も大きな要因となります。最初はまるで解けなかったとしても、問題に慣れてくるにつれて題意がつかみやすくなったり、同種の問題を解くことで解法が浮かんできたりするものです。ですから、志望校を再検討する前に、頑張ってより多くの過去問にあたるようにして、学習を深めていきましょう。

Success Ranking

ノーベル賞受賞者数ランキング

ダイナマイトを発明したアルフレッド・ノーベルの遺言によって1901年に創設されたノーベル賞。６つある分野のうち、日本は経済学で受賞がないものの、物理学賞で今年２人がその栄光に輝いた。では、いったいどこの国の人が多く受賞しているのか、分野別に見てみよう。

物理学

順位	国名	人数
1	アメリカ	87
2	ドイツ	24
3	イギリス	22
4	フランス	13
5	ロシア（旧ソ連含む）	11
6	オランダ	9
7	日本	8
8	スウェーデン	4
9	スイス、ほか4カ国	3
14	ベルギー、ほか2カ国	1

化学

順位	国名	人数
1	アメリカ	65
2	ドイツ	29
3	イギリス	26
4	フランス	8
5	日本	7
6	スイス	6
7	イスラエル	5
8	スウェーデン	4
8	カナダ	4
10	オランダ	3

生理学・医学

順位	国名	人数
1	アメリカ	98
2	イギリス	30
3	ドイツ	16
4	フランス	10
5	スウェーデン	8
6	スイス	6
6	オーストラリア	6
8	デンマーク	5
9	オーストリア、ベルギー	4
12	日本、ほか3カ国	2

経済学

順位	国名	人数
1	アメリカ	52
2	イギリス	8
3	ノルウェー	3
4	フランス	2
4	スウェーデン	2
4	イスラエル	2
7	ドイツ	1
7	ロシア（旧ソ連含む）	1
7	オランダ	1
7	カナダ	1

文学

順位	国名	人数
1	フランス	16
2	イギリス	11
3	アメリカ	10
4	ドイツ	8
4	スウェーデン	8
6	イタリア	6
7	スペイン	5
8	ロシア、ほか4カ国	3
13	日本、ほか2カ国	2
16	カナダ、ほか6カ国	1

平和

順位	国名	人数
1	アメリカ	25
2	イギリス	12
3	スイス	10
4	フランス	9
5	スウェーデン	5
6	ドイツ	4
6	ベルギー	4
6	南アフリカ	4
9	イスラエル	3
16	日本、ほか5カ国	1

※文部科学統計要覧、ノーベル財団HP参考
※受賞者数の多い24カ国からランキングしています。
※国名は国籍でカウント、二重国籍者は出生国でカウントしています。

世界の星を育てます

「和の精神のもと、世界に貢献する人を育成」します

学校説明会 ※予約不要

第4回 11月22日(土)
14:00～
[卒業生ディスカッション]

第5回 11月30日(日)
10:00～
[入試対策・個別相談会]

第6回 12月6日(土)
14:00～
[個別相談会]

学校見学

月～金曜日 9:00～16:00
土曜日 9:00～14:00

※日曜・祝日はお休みです。
※事前にご予約のうえご来校ください。

入試概要

推薦入試
募集人員 約75名
入試科目 作文・面接
試験日 1月22日(木)
発表日 1月22日(木)

一般入試
第1回
募集人員 約65名
入試科目 国語・英語・数学・面接
試験日 2月10日(火)
発表日 2月11日(水)

第2回
募集人員 約10名
入試科目 国語・英語・数学・面接
試験日 2月12日(木)
発表日 2月13日(金)

ご予約、お問い合わせは入学広報室まで　TEL.FAX.メールで どうぞ

明星高等学校

MEISEI

〒183-8531 東京都府中市栄町1－1 入学広報室
TEL 042-368-5201(直通) FAX 042-368-5872(直通)
(ホームページ) http://www.meisei.ac.jp/hs/
(E-mail) pass@pr.meisei.ac.jp

交通／京王線「府中駅」
ＪＲ中央線／西武線「国分寺駅」 より徒歩約20分 または バス(両駅とも2番乗場)約7分「明星学苑」下車
ＪＲ武蔵野線「北府中駅」より徒歩約15分

東京都立

マークシート試験実施校が決定

東京都教育委員会は、入試での採点ミス再発防止・改善策として、来春の2015年度入試で、マークシート方式での採点を試験的に導入するモデル実施校20校を次のように決定した。

なお、解答用紙のサンプルは12月に都教委のHPに掲載される。また、モデル実施校でも配布するので、受検を予定している生徒は手に入れておきたい。

【モデル実施校】

三田、本所、東、深川、小山台、駒場、雪谷、桜町、芦花、豊多摩、文京、北園、石神井、小松川、府中、昭和、調布南、狛江、東大和、久留米西

この試験実施を経て検証し、2016年度には全都立高校でマークシート方式に変更する予定とされている。

千葉公立

学校独自問題は全校で廃止に

昨年度まで、千葉県公立高校で唯一、学校独自問題を実施していた千葉東が、来春2015年度入試では学校独自問題を廃止すると発表した。

一昨年度の君津、市立稲毛の廃止に続くもので、これで千葉の公立高校は全校が共通問題で入試を実施することになる。

学校独自問題は、現行制度以前には上位校のほとんどで導入されていたが、前期・後期選抜に変更された2011年度に4校に減少。その後も年々減り、5年目を迎えて、ついに学校独自問題実施校はなくなる。

また、2015年度は千葉県の中学校卒業予定者数が300人減る見込みのため、全日制の募集定員は200人削減される。

15歳の考現学

ノーベル平和賞を受賞した同世代 その行動から現実を見る目と勇気を学びたい

非道な社会のなかにあって勇気ある行動が評価された

ノーベル平和賞の受賞者がマララ・ユスフザイさんとカイラシュ・サティヤルティさんに決まりました。とくにマララさんの17歳という若さと生命の危機を乗り越えて、女子の教育権を主張する姿に驚かされました。これまでの不明を恥じますが、すばらしい若人（わこうど）です。

女子教育を、テロをしてまで封じたい、という政治勢力が存在することにも筆者は無知でした。

彼女は、国連に招かれて演説し、「1人の子ども、先生、本とペンが世界を変える」と訴えたとのこと。ぜひ原文（英文）で読みたいところです。そのキャリアとその切実さが、心ある人々の胸を打ったに違いありません。とりわけ筆者は以下の記事に目を引かれました。

すなわち「マララ・ユスフザイさんは今年7月、17歳の誕生日をアフリカのナイジェリアで迎えた。イスラム武装勢力『ボコ・ハラム』が4月に誘拐した200人以上の女子生徒の解放を訴えるためだ。生徒の家族らを前に演説した。『ボコ・ハラムに警告する。平和の宗教であるイスラムの名を誤用するな、ただちに武装を置き、少女たちを解放しなさい』」（朝日新聞10月11日）

まさに彼女は戦いを続けているのですね。同記事によれば、「イスラム諸国では今、過激で不寛容な主張がどんどん幅を利かせている。穏健派は〈反イスラム〉と断罪され、攻撃の対象となる。そんな現状にひるまない勇気と、心に響く言葉こそ、マララさんの力の源だ」と論評しています。

マララさんは、武装勢力に下校途中を狙われて頭と首を撃たれましたが、奇跡的に命をとりとめて、生還しました。パキスタンでは反政府勢力タリバーン運動が実効支配して極端な宗教政策を強行し、女子学校の爆破や教師など外で働く女性を襲撃していました。これに対し、マララさんがブログで女子の教育の権利を実名で訴えていたから銃撃されたのだそうです。銃撃された一昨年の年令は、15歳のときだったことになりますね。本コラムは、日本の中学3年生、15歳の読者を想定して書いていますが、いかに彼我の状況に違い

もりがみ　のぶやす
森上 展安

森上教育研究所所長。1953年、岡山県生まれ。早稲田大学卒業。進学塾経営などを経て、1987年に「森上教育研究所」を設立。「受験」をキーワードに幅広く教育問題を扱う。近著に『教育時論』（英潮社）や『入りやすくてお得な学校』『中学受験図鑑』（ともにダイヤモンド社）などがある。
教育相談、講演会も実施している。
HP：http://www.morigami.co.jp
Email：morigami@pp.iij4u.or.jp

が大きいかに思い知らされます。

　と同時に、グローバル時代という言葉はよく聞きますが、わが国をはじめ、いわゆる先進国が女子の社会参画を、政策として推し進めようとしている潮流のなかにいて、これに激しく反抗するタリバーンやボコ・ハラムのような世界もある現実に目を開かされます。

　おりしも、こうした過激なイスラム勢力として脅威となっている「イスラム国」に日本の学生が、深い考えもなく、自らの戦闘心や空虚感を満足させたいためだけに、テロ活動に参加しようとしたとして、保護されたと報じられました。遠い中東の国のことと思うからこそ、こうした行動も生じたのでしょう。マララさんのような人格と行動がノーベル賞によって広く知られれば、テロ活動の非道さに少しは人の子としての想像力が働くのではないでしょうか。

多様性を認めない文化は じつは国内にも潜んでいる

　もう一方の受賞者であるサティヤルティさんは、インドで子どもたちを過酷な労働や搾取から救出する活動をNGOを設立して続け、8万人を救ったと報じられました。

　このサティヤルティさんの活動もわが国に住んでいると遠い国の出来事のように聞こえるかもしれませんが、児童虐待は、地域社会の崩壊、家族の崩壊などによって日本でも新聞紙面に取りあげられる事件が目につくようになりました。

　ところで先日、ある塾経営者から、地域によって不登校が多い地域と、ほとんどない地域があることに気づいた、というお話を聞きました。

　多摩地区一帯で不登校児の学生を支えるサポート校を展開している塾の経営者なので、自然と実態に明るく、この指摘は重要だと思いました。

　十分調査してみなければ、正確でないことはいうまでもありませんが、その地域の場所を伺うと家庭の所得がかなり影響している可能性が高い、と筆者には思えました。

　サティヤルティさんのインドの場合は、子どもを労働力と考え、子どもを働かせて、その収入を親が搾取（さくしゅ）する、もしくは、日本でいうブラック企業が搾取するのです。もとより学校に行かせよう、という気持ちは親にも、また、社会にも少ないという前提があります。そこに絶対的な貧困が横たわっています。

　もちろん日本の場合、裕福な家庭でも不登校はありますが、地域的な相関で考えられるのは、貧困が大きな要因となっているのでは、と推測されます。

　もう1つは文化的な貧困です。いわゆる発達障害への対応で、学校が対応できず、学校の外に追い出してしまっている実情があります。

　つまり、今回のノーベル平和賞の背後にある不寛容で非文化的な社会と、そこに横たわる貧困の問題は、不登校という共通の事象を通じて、形を変えこそすれ、わが国の現実と通底する問題だ、といって差し支えないと思います。

　ただし、一方は大変深刻な事態を大量に作り出しており、他方、日本では、めだたない一部の問題と見られているという違いがあります。

　貧困問題は大きな問題ですが、私たちが多少とも立ち向かえるとしたら、この貧困から発生するさまざまな社会的文化的な貧困と向きあうことでしょう。不寛容なイスラムの過激派の行動も、日本の発達障害などへの対応、いじめの問題も、共通するのは多様性の否定にあります。

　多様なあり方に対する寛容な態度は、マララさんやサティヤルティさんのように勇気と高い志があるにこしたことはありませんが、その何分の一かでもよいので私たちにもできることだと思います。

　いま学校に通っている15歳のみなさんがマララさんやサティヤルティさんの受賞を契機としてこういったことを議論するのは必要なことではないでしょうか。幸い引用した朝日新聞朝刊にマララさんの対訳付き受賞スピーチの英文が掲載されていました。おそらくネット社会のことですから、探せばサティヤルティさんのそれも見つかることでしょう。

　17歳のマララさんのスピーチの英文はとても平易な文章と17歳目線の親しみもあって読みやすいものです。きっと15歳のあなた方に人生を切りひらく勇気を与えてくれるフレーズだと信じます。

　Even though it is not going to help in my tests and exam.（ノーベル賞に選ばれたからといって）試験の役には立たないでしょうね、というフレーズは、みなさんも共感と苦笑を禁じ得ないでしょう。

　So,it is my message to children all around the world : that they should stand up for their rights. 彼女だからこその言葉です。

2015年度 首都圏私立高校 入試変更詳細

2015年度の首都圏私立高校の入試変更点については、先月号のこのコーナーで概略をお伝えしました。今号では、入試日程の変更なども含めて掲載します。一覧性を考え、前号と重複する情報も集録しています。なお、締め切りに間に合わなかった学校もありますので、各校HPで再確認してください。（協力／安田教育研究所）

●募集再開

【東京】

かえつ有明　80名（一般入試のみ試験日2／11）

●募集変更

【東京】

東洋大京北（←京北）共学化

三田国際学園（←戸板女子）共学化

叡明（←小松原）共学化

國學院大久我山　女子の募集は理科系のみに限定（推薦、一般とも）

●科・コース募集停止

【東京】

関東国際　演劇科募集停止

潤徳女子　商業科（ビジネスーITコース）募集停止

【埼玉】

狭山ヶ丘　Ⅳ類（スポーツ進学）募集停止

栄北　自動車科募集中止

【神奈川】

横浜創学館　科学技術科募集停止

●推薦入試導入

【東京】

明治学院東村山　運動クラブ推薦制度導入：男子10名【対象クラブ】アメリカンフットボール、柔道、バドミントン、硬式野球、ラグビー

東京家政学院　クラブ特待［入学金免除］を新設（バドミントン・ソングリーダー・ソフトテニス・吹奏楽）

【千葉】

東海大浦安　推薦C（単願、筆記試験あり）導入

●推薦入試中止

【東京】

八王子　推薦中止、一般のみ実施［第1志望・併願優遇・フリー受験］

東京家政学院　単願推薦2を廃止

新渡戸文化　オンリーワン推薦・プレゼンテーション推薦中止

大成　B推薦廃止

武蔵野女子学院　推薦C（推薦A基準に満たない者で適性検査重視）廃止

【埼玉】

本庄東　後期入試（D受験）廃止

●科・コースの改編

【東京】

東京家政学院　特進コースを募集時から新設（復活）

千代田女学園　進学コース国際専攻

をグローバルリーダーコースに再編

大森学園　理系特進コース→特進コース、工業系→工業科に改称

蒲田女子　幼児教育、生活文化、総合進学（医療福祉・デザイン・スポーツ）の3コース→幼児教育・保育、キャリアデザイン（フード・ファッション・スポーツ芸術・アドバンスト）の2コースに改編

国士舘　選抜クラス（60名）設置

佼成学園女子　特進文理コース内にスーパーグローバルクラスを新設

目白研心　スーパーイングリッシュコース新設

東亜学園　文理コース→総合選抜コース、文理特進コース→特進コースに改称

東洋大京北　特進・進学の2コースを一本化

文京学院大女子　「理数」・「英語」・「特進」・「文理」の4クラス→「理数キャリア（アドバンスト・スタンダード）」・「国際教養（アドバンスト・スタンダード）」・「スポーツ科学（スタンダード）」の3コース5クラスに改編

帝京　インターナショナルコース内に英語特化課程を新設

桜丘　CL（クリエイティブ・リーダーズ）クラスを新設

八王子　コース・クラス改編3コースへ（文理特進・進学・アスリートコース）、進学コース内で3クラスへ（文理選抜・文理進学・総合進学クラス）、さらに総合進学クラス内で3つの系へ（進学・音楽・美術系）

文化学園大杉並　ダブルディプロマコース新設

藤村女子　総合（特進・進学）・スポーツ科学の2コース→S特・特進・進学・スポーツ科学特進・スポーツ科学の5コースに改編

聖徳学園　難関特進クラス新設

武蔵野女子学院　薬学理系・進学の2コース→薬学理系・選抜文系・国際交流・総合進学の4コース、国際交流コースは1年間の留学が必修、選抜文系コースはG－MARCH以上の大学進学をめざす

【千葉】

聖徳大附属女子　Ⅰ・Ⅱ類→特進コース、Ⅲ類→進学コース

芝浦工大柏　グローバルサイエンスコース（新設）、ジェネラルラーニングコース（仮称）の2コース募集へ

【埼玉】

叡明　特別進学・進学選抜・総合進学［アドバンス・スタンダード］・情報技術→特進選抜・特別進学［Ⅰ・Ⅱ類］・進学［Ⅰ・Ⅱ・Ⅲ類］・情報

浦和麗明（←小松原女子）特進選抜・進学選抜・保育進学・福祉進学・総合進学→特進選抜・特別進学・進学・保育進学・福祉進学・ペットマネジメント・調理パティシエ

大宮開成　特進S・α・βの3コースを特進SⅠ・SⅡの2コースに改編

細田学園　特進Hコース新設（同校の最上位コース）

花咲徳栄　食物科→食育実践科

●試験日の変更

【東京】

東京家政学院　一般・併願優遇2／10→①2／10②2／12

千代田女学園　一般・併願優遇2／

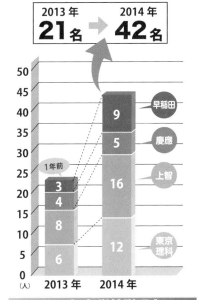

10↓①2/10②2/11
大森学園 一般③2/15↓③2/14
朋優学院 一般③2/12↓③2/13
三田国際学園 一般2/10↓①2/10②2/14
保善 推薦：単願1/22・併願1/23↓単願・併願1/22
新渡戸文化 一般②2/12↓②2/11③（グローカル入試）2/12
文化学園大杉並 推薦1/23↓1/22
サレジオ高専 AO12/15↓12/14、推薦1/12↓1/11、併願①1/12↓①1/11
早大高等学院 推薦1/22か23（学校の指定する日）↓1/22
十文字 一般2/10↓①2/10②2/13
淑徳巣鴨 B推薦②1/24↓②1/23
昭和第一 一般②2/15↓②2/16
京華 一般①2/10②2/13、S特進入試2/11↓一般①2/10②2/12③2/13
京華女子 一般③2/15↓③2/14 B推薦①1/22②1/23↓1/22のみ
岩倉 B推薦②1/24↓②1/23
上野学園 一般：器楽・声楽②2/21↓②2/20、演奏家②3/20↓②3/19
安田学園 一般2/10・S特特待2/11・S特2/14↓一般2/10・S特特待2/11
共栄学園 チャレンジ入試2/11↓2/15
鶴川 推薦②2/1↓②2/4
共立女子第二 一般2/12↓①2/10②2/12
藤村女子 一般2/10↓2/10か12
聖徳学園 一般①2/11 ②2/12↓①2/10 ②2/11
国立音大附属 一般③2/16↓③2/17
啓明学園 一般2/10↓①2/10②（英語型オープン）2/13
自由学園男子部 一般①2/10②2/28↓①2/10②2/25
武蔵野女子学院 一般2/11↓2/10

【千葉】
敬愛学園 前期1/21↓1/19、
千葉明徳 前期A（専願）①1/17②1/18↓1/17のみ、C（一般）①1/17②1/18［新設］
東葉 前期①単願推薦1/18↓1/19、併願推薦・一般1/17か18↓1/17か19、前期②（一般のみ）2/3↓2/2
千葉商大付属 A・C1推薦1/17↓1/19、B・C2推薦1/17か18↓1/19か20、特進選抜1/18↓同進学学力選考1/20、後期①2/6②2/26↓②2/23
中央学院 後期2/10↓2/9
千葉敬愛 前期③1/30↓③1/30
敬愛大八日市場 前期1/17↓1/19、後期2/6↓2/5
市原中央 前期②1/19③1/28↓②1/20③1/31
木更津総合 前期③1/28↓③1/31
千葉国際 前期③2/1↓③1/24

【埼玉】
武南 併願Ⅲ2/8↓2/11
秀明英光 一般2/1↓1/31
本庄第一 併願③2/22↓2/21
秀明 一般2/13↓2/3
武蔵野音大附属 一般2/10↓2/11
昌平 一般1/31↓2/2

【神奈川】
慶應義塾 一般1次2/13（1次発表2/15・2次2/16・2次発表2/17）↓1次2/12（1次発表2/14・2次2/15・2次発表2/16）

●募集の増減
【東京】
八王子 募集減、430↓310名

清新なる価値の創造

桐朋中学校　桐朋高等学校

〒186-0004　東京都国立市中3-1-10
TEL(042)577-2171(代)／FAX(042)574-9898
インターネット・ホームページ　http://www.toho.ed.jp/

公立
CLOSE UP

都立高校の入試日程をおさえよう

安田教育研究所 副代表 **平松 享**

都立高校の来年度入試要項が発表されました。採点ミス問題で公表が遅れていた一般入試の合格発表日以降の日程も明らかになりました。今回は都立入試の日程と、受検生の注意点について、基礎からおさらいしましょう。

入試区分と試験日程

都立高校の入試には、大きく分けて「推薦」と「一般」があり、「一般」には「1次・分割前期」と、「2次・分割後期」があります**（表1）**。

一般入試では、**田園調布**などのように、定員を2つに分けて募集する学校があり、分割前期、分割後期と呼んでいますが、1次、2次と日程は同じです。

「推薦」の検査は、1日だけで終わる学校があります。各校ごとの日程は、直前までわかりませんが、学校説明会などで予定として知らされることがあります。また、集団討論の進め方など、出願時に書類が配布されて、詳細がわかる学校が多くあります。日程と進め方は、どちらも前年と同じ学校が多いと思いますので、あらかじめ調べておくといいでしょう。

「推薦」合格者は「一般」には出願できませんが、不合格者は同じ学校を含む「一般」に出願できます。

来春から募集の始まる**国際**の国際バカロレアコースは「一般」のみの募集ですが、入試日程は他校の「推薦」と重なっています。同コースに不合格の場合は、同校を含む「一般」を受験することができます。

海外帰国生対象の「一般」は、出願日は他の都立校と同じですが、検査日（2月17日）と、合格発表日（2月20日）は異なります。

採点ミス問題で、都立は「一般」の検査日と合格発表日の間を、これまでの3日間から4日間に、1日延ばしました。しかし、「一般」の日程に大きな変更はなく、併願する私立の延納期限にも影響はないようです。

出願と志願変更

出願は「推薦」、「一般（1次・分割前期）」、「2次・分割後期」のそれぞれについて、その都度、必要書類を受検する学校に直接提出します。

願書は公立中学校なら学校にありますが、私立や他県の中学校などに在籍している生徒が受検する場合は、都の教育委員会から個人的に取り寄せる必要があります。

多くの中学校では、「推薦」や「一般」の出願日に合わせて、書類作成の締切日を設けています。期限を過ぎると、出願先を変えることが難し

くなるケースもありますので、注意が必要です。

ただし、「一般」と「2次・分割後期」募集では、各校の倍率を確かめてから、出願先を変更する「志願変更」の制度があり、これを利用すれば中学校も対応してくれます。

例えば「一般」の願書受け付けは、来年は2月5日と6日ですが、高校では、その時点でいったん締め切った倍率を公表します。その数字が翌日の朝刊に載りますので、そこで出願を再検討することができます（都教委HPには当日夜にアップされます）。

「志願変更」する場合は、出願した高校に、2月13日に願書を取り下げに行き、2月16日に、変更先の学校に再提出します。

変更には中高間のルールがあり、利用する場合は、必ず中学校の先生に相談し、書類の変更などの手続きをお願いする必要があります。

また、「一般」では、「海外帰国生枠」、都立産業技術高専の合格者が受検することはできません。また、「2次・分割後期」募集でも、それまでの都立合格者は出願できません。

[表1]2015年度 都立高校入試日程

推薦	願書受付		1月21日(水)～15時
	面接・実技		**1月26日(月)、一部で27日(火)も**
	合格発表		2月2日(月)午前9時
	入学手続		2月2日(月)、3日(火)正午締切
1次募集 分割前期	願書受付		2月5日(木)、6日(金)正午締切
		取下げ	2月13日(金)～15時
		再提出	2月16日(月)～正午
	学力検査		**2月24日(火)**
	合格発表		3月2日(月)午前9時
	入学手続		3月2日(月)、3日(火)(正午締切)
	★応募倍率の新聞発表(朝刊)…初日分2月6日(金)、2日目締切分8日(日)、再提出後確定17日(火)		
2次募集 分割後期	願書受付		3月5日(木)～15時
		取下げ	3月6日(金)～15時
		再提出	3月9日(月)～正午
	学力検査		**3月10日(火)**
	合格発表		3月16日(月)正午
	入学手続		3月16日(月)、17日(火)正午締切
	★新聞発表…募集人員4日(水)、倍率(取下げ前)6日(金)		
国際高校 IBコース (一般入試)	願書受付		1月21日(水)～15時
	学力検査		**1月26日(月)、27日(火)**
	合格発表		2月2日(月)午前9時
	入学手続		2月2日(月)、3日(火)正午締切

発表と手続き

合格発表は、「推薦」が2月2日、「一般」は3月2日、「2次・分割後期」は3月16日で、「推薦」と「一般」

では午前9時に、「2次・分割後期」では、正午に合格者の受検番号が学校内に掲示されます。インターネットなどでの発表はありません。

手続き締切は、いずれも発表翌日の正午。「推薦」では、合格した場合は、必ず入学しなければなりません。「一般」と「2次・分割後期」では、入学を辞退することができます。

11月下旬から始まる中学校の3者面談では、志望校の名前を具体的に先生に伝えることになります。入試のルールや日程などを十分調べて、面談に臨めるようにしてください。

[表2]2015年度 都立高校上位校募集要項

地区	学校の種別・学科タイプ・指定	学校名	募集学級数 前年→来春	推薦入試 定員枠	推薦入試 満点 調査書	推薦入試 満点 集団討論・個人面接	推薦入試 満点 作文・小論文・実技等	推薦入試 文化スポーツ	一般入試 学力対内申	一般入試 科目数等	一般入試 マークシート	一般入試 特別選考%	一般入試 分割募集	一般入試 男女緩和	前年実質倍率 男子	前年実質倍率 女子
旧1学区	進学指導重点校	日比谷	8	20%	450	300	小150		7:3	5③		10			2.03	1.47
	進学指導特別推進校	小山台	8	20%	450	200	小250		7:3	5	◎				1.66	1.64
	進学指導推進校	三田	8→7	20%	300	150	小150		7:3	5	◎			◎	1.87	2.39
		雪谷	7	20%	400	200	作200	○	7:3	5	◎	10			1.48	1.85
		田園調布	6	20%	500	250	作250		7:3	5			○		1.53	1.45
旧2学区	進学指導重点校	戸山	9→8	20%	400	200	小200		7:3	5③		10			2.06	1.70
		青山	7→8	10%	450	150	小300		7:3	5③					1.74	1.69
	進学指導特別推進校	駒場	7	20%	360	180	作180		7:3	5	◎				2.04	1.97
		目黒	7→6	20%	450	200	作250		7:3	5					1.34	1.31
	連携型中高一貫校	広尾	5	20%	500	300	作200	○	7:3	5				○	2.42	2.19
	進学指導特別推進校・単位制	新宿	8	10%	450	180	小270		7:3	5③傾				合同	1.92	
	進学指導特別推進校	国際	6	30%	500	200	小300		7:3	3①集面				合同	2.60	
	単位制	芦花	6	20%	400	200	作200		7:3	5	◎			合同	1.69	
旧3学区	進学指導重点校	西	8	20%	360	240	作300		7:3	5③		10			1.82	1.52
	併設型中高一貫校	大泉	2	20%	450	250	作200		7:3	5③					1.34	1.06
		富士	2	20%	450	200	作250	○	7:3	5③					1.09	1.55
	進学指導推進校	豊多摩	8	20%	450	300	作150	○	7:3	5	◎				1.98	1.79
		井草	7	20%	500	200	小300		7:3	5		10		×	1.50	1.56
		杉並	8	20%	360	216	作144		7:3	5				○	1.31	1.46
旧4学区	進学指導推進校	竹早	6	20%	500	250	作250		7:3	5					1.49	2.06
	進学指導推進校	北園	8	20%	500	250	作250		7:3	5	◎	10			1.76	2.26
		文京	8→9	20%	300	150	作150	○	7:3	5	◎			○	2.21	2.00
		豊島	7	20%	500	250	作250	○	7:3	5				○	1.74	1.55
	単位制	飛鳥	6	20%	500	250	作250	○	6:4	5傾				合同	1.28	
旧5学区	併設型中高一貫校	白鷗	2	20%	500	300	作200		7:3	5③					1.00	1.06
		上野	8	20%	500	300	作200	○	7:3	5		×			1.63	1.81
	進学指導推進校	江北	8	20%	450	150	作300		7:3	5					1.12	1.00
旧6学区	併設型中高一貫校	両国	2	20%	500	250	小250		7:3	5③		10			1.26	1.41
	進学指導推進校	小松川	8→9	20%	500	250	作250		7:3	5	◎	10			1.71	1.67
		城東	9→8	20%	400	200	小200	○	7:3	5					1.35	1.10
		江戸川	8→9	20%	400	200	作200	○	7:3	5				×	1.63	1.58
		深川	6	20%	450	270	作180	○	7:3	5	◎			○	1.56	1.42
	コース制	深川(外国語)	2	30%	450	270	作180	◎	7:3	5傾	◎			合同	1.75	
	進学指導推進校・単位制	墨田川	8	20%	200	100	小100	○	7:3	5③		10		合同	1.23	
	科学技術科	科学技術	6	30%	500	300	小200	○	7:3	5傾				合同	1.07	
旧7学区	進学指導重点校	八王子東	8	20%	500	200	小300		7:3	5③					1.39	1.33
	進学指導特別推進校	町田	7→8	20%	450	225	小225		7:3	5		10			1.60	1.57
	進学指導推進校	日野台	8	20%	450	225	作225		7:3	5					1.34	1.55
		南平	8	20%	450	225	作225		7:3	5					1.34	1.59
		成瀬	7	20%	500	300	小200		7:3	5					1.33	1.66
	単位制	翔陽	6	20%	500	300	作200		7:3	5		10		合同	1.18	
旧8学区	進学指導重点校	立川	8	20%	500	200	小300		7:3	5③		10			1.72	1.58
		昭和	8	20%	450	300	作150		7:3	5					1.54	1.43
		東大和南	8→7	20%	450	250	作200	○	7:3	5					1.50	1.45
旧9学区	併設型中高一貫校	[illegible]	[illegible]	[illegible]	[illegible]	200	小300		7:3	5③					1.41	1.19
	進学指導推進校	武蔵野北	6	20%	450	225	作225		7:3	5		10			1.67	1.86
	進学指導推進校	小金井北	6	20%	500	250	小250		7:3	5					1.74	2.13
		清瀬	8	20%	500	250	小250	○	7:3	5					1.07	1.21
		小平	5	20%	500	250	小250	○	7:3	5				○	1.45	1.56
	コース制	小平(外国語)	2	30%	500	250	小250		7:3	5傾				合同	1.30	
		小平南	7	20%	450	225	小225	○	7:3	5					1.29	1.41
		保谷	7→8	20%	500	300	作200	○	7:3	5			○		1.90	1.76
	進学指導特別推進校・単位制	国分寺	8	20%	400	200	小200		7:3	5③傾				合同	1.62	
	単位制	上水	6	20%	360	160	作200	○	6:4	5				合同	1.13	
	科学技術科	多摩科学技術	6	30%	500	300	実200	○	7:3	5傾				合同	1.90	
旧10学区	進学指導重点校	国立	9→8	20%	500	200	小300		7:3	5③		10			1.59	1.40
	進学指導推進校	調布北	6	20%	500	250	作250		7:3	5					1.56	1.72
		狛江	9	20%	450	250	作200	○	7:3	5	◎			○	1.53	1.48
		神代	7	20%	450	300	作150		7:3	5				○	1.38	1.72
		調布南	6	20%	500	300	作200		7:3	5	◎				1.55	1.89

◎は来年度新規導入、×は廃止。推薦の「小」は小論文、「作」は作文、「実」は実技(発想表現検査など)。
一般の「③」は3科自校作成問題(国際は英語のみ)、「合同」は男女合同選抜。「集面」は集団面接、「傾」は傾斜配点。

共学1期生
男子239名
女子133名

平成26年4月男女共学スタート!!

第一志望大学への現役進学を力強くサポートする3つのコース

知の構造を革新 S特コース
グローバルな探究力を育て、
東大などの最難関国立大を目指す

本質的な学びを育成 特進コース
自ら学ぶ力を高度に育て、
難関国公立大・早慶上理を目指す

自ら考える力を育成 進学コース
高度な基礎学力を育て、
GMARCH・中堅私大を目指す

◆高等部教育方針

学習のベースとなる日々の授業では「自ら考え学ぶ」ことを重視した新しい学習指導を実践。身につけた学力を高度に活用できる創造的学力を育む「探究（S特 コース）」「ライフスキル（特進・進学 コース）」の授業、豊かな人間力を培うオリジナルテキスト「人間力をつける」と合わせて、グローバル社会で自分の力を十二分に発揮し、社会の発展に貢献できる人材となるために必要な力を鍛えていきます。

安田学園高等部の教育

グローバル社会への貢献
第1志望大学への現役進学を目指す
自ら考え学ぶ創造的学力・人間力の育成

自ら考え学ぶ授業
基礎学習力の育成
活用力
基礎学力

S特コース
探究

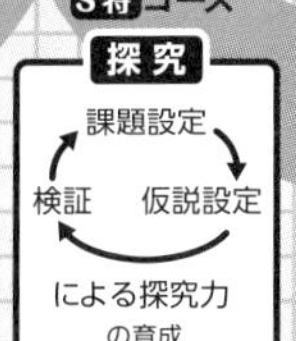

による探究力の育成

特進・進学コース
ライフスキル
問題発見能力
問題解決能力
積極表現能力
の育成

◆特進・進学コースの取り組み

学問への強い関心を持たせると同時に、高度な基礎学力と基礎学習力を育てます。また、目標に向かう意欲を高めることにより、グローバル社会に貢献できる資質や能力を培います。授業では、自分で考えることによる知識や考え方を学び取る学習、繰り返しなどによる着実な積み上げ学習を大切にし、それらを関連付けて学ぶ総合的学力へと発展させ、第1志望大学への現役進学を実現します。

特進・進学コースの学び

自ら考え学ぶ授業で自学力をつけ、進学力へ転化

学び力伸長システム
学びの楽しさを味わい、
自ら学ぶ力（自学力）を育てる
●独習法の修得
朝・放課後学習⇒学習合宿
●基礎学力の徹底
習熟度チェックテスト⇒放課後補習

▶

進学力伸長システム
自学力を大学入試演習に活かし、
現役進学力を高める
●放課後進学講座
●進学合宿
●センター模試演習講座
●国公立2次・私大入試直前演習講座

▶ 難関大へ進学 ▶ グローバル社会に主体的に貢献する

担任・教科担当者の情報共有による個別サポート（学習指導検討会）
自分の生き方を考えるキャリア教育・ライフスキル・職業研究・学部学科研究・進路研究

◆S特コースの取り組み

S特コースでは「一人ひとりに最適なアシストを」をスローガンに、放課後の弱克服講座や進学講座（約2時間）、夏・冬休みの『東大対策講座』などきめの細か補習・講座を数多く用意しています。
また、入学直後の生徒は能力も得意・不得意科目も人それぞれです。その生徒一ひとりに対し「高校生としての」学習法や「自ら考え学ぶ」とはどういうことなのをレクチャーする入学前の【事前全体説明会】を皮切りに、S特コーススタッフ員の熱意あふれる万全なサポート体制で生徒一人ひとりの目標の実現を応援しいきます

探究 S特コース

1・2年で行われる「探究」の授業では、自分なりの疑問を見つけ、それについての仮説を立て、検証を行うというサイクルを体験していきます。その過程を通じて、より高次なレベルの疑問が生まれ発展していくといった創造的思考力が育まれていきます。1年次では、文系・理系のそれぞれの実際のテーマでのグループ探究を通し探究基礎力を習得、論文を作成します。2年次には、それを英訳しシンガポールにおいて現地大学生にプレゼン、そのテーマについてディスカッションします。そしてこれらの集大成として個人でテーマを決めて探究を行い、安田祭で発表します。

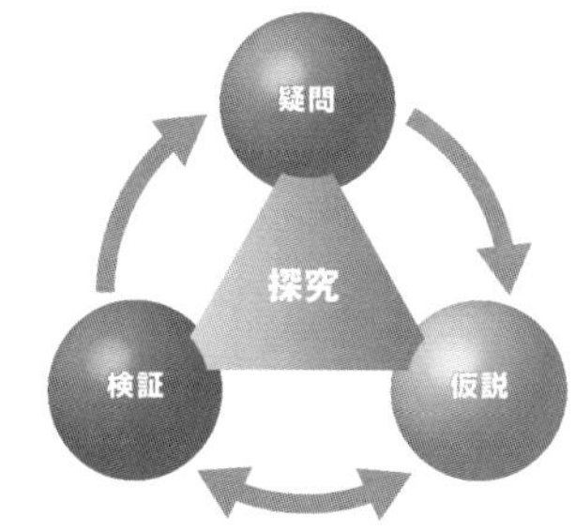

平成27年度 高校入試 学校説明会	
11月29日（土）14:30～	
12月 6日（土）14:30～	

平成27年度 高校入試 入試日程

項目	推薦入試		一般入試	
	A推薦	B推薦	授業料減免試験	S特特待入試
試験日	1月22日（木）		2月10日（火）	2月11日（水・祝）

安田学園高等学校
〒130-8615 東京都墨田区横網2-2-25
E-mail nyushi@yasuda.ed.jp
入試広報室直通 0120-501-528 FAX.03-3624-264
交通アクセス JR両国駅から徒歩6分 都営大江戸線両国駅から徒歩3
ホームページ http://www.yasuda.ed.jp/ 安田学園 検

高校入試の
基礎知識

都立推薦入試の集団討論は怖くない

本誌前号（11月号）『公立CLOSE UP』のコーナーで、都立高校推薦入試のうち、2013年度から導入された「集団討論」について、その実施方法や合否の決められ方について解説しました。今回は実際に集団討論に向かうときの心がまえなど、その対策についてお話しします。

集団討論は、従来はなかった検査方法でした。そのため、この2年間とまどいを隠せなかった受検生が多かったのも事実です。

しかし、この2年間の結果分析から、受検生はどのように対応したら「合格に近づくのか」もわかってきました。

この2年間、受検を終わった生徒から聞き取った内容などをもとに、見えてきた対処の仕方を、ここでお話しすることにします。

結論からいえば、「発言で評価されること」が受検生側から見ての狙いとなり、逆にいえば「評価される発言をすること」が集団討論の対処法ということになります。では、どのような発言をすれば評価されるのでしょうか。

集団討論の評価のポイントは

集団討論ではどんな点が評価されるのでしょうか。都立高校は各校のHPで、各検査について「評価の観点」を公表していますので、確かめておきましょう。

例えば**日比谷**では、集団討論・個人面接の評価の観点として、

◆出願の動機・進路実現に向けた意欲
◆リーダーシップ・協調性
◆コミュニケーション能力
◆思考力・判断力・表現力

をあげています。

戸山の場合は、

◆コミュニケーション能力
◆思考力・判断力・表現力
◆協調性、将来性、リーダーシップ
◆出願の動機、進路実現に向けた意欲
◆規範意識・生活態度

となります。

このように各校それぞれに違いはありますが、評価の観点をまとめれば、おもに次の5点がポイントになります。

①意欲
②コミュニケーション能力・協調性
③表現力
④思考力
⑤リーダーシップ

これらのポイントを頭に入れて推薦入試に臨みましょう。とはいうものの、討論を集団で行うことで、つい意欲が先走り「自分が自分が…」とならないようにすることも大切です。

協調性も評価されるからです。

他の生徒の意見に耳を傾けることをせず自分の意見ばかりを述べるようになってしまうとマイナスポイントになりかねません。他の生徒が発言しているときは、その生徒を注目してうなずきながら、その意見を整理して理解するようにしましょう。

「①意欲」については、個人面接での発言で発揮するようにした方がいいでしょう。

集団討論はどのように行われるか

では、集団討論はどのようにして行われるのでしょうか。

◆集団討論の実施形態

・実施時間は各グループ30分程度。
・1グループは5～7人。
・室内は試験官と他の受験生が見えるように半円形や円形の座席。
・座席にはアルファベットの札があり、受検生同士はアルファベットで呼び合う。
・試験官（先生、2～3人）のうち1人が進行、他の試験官が採点。
・集団討論のテーマは各校独自。
・男女別募集校は男女別にグループを構成。

※普通科は男女別募集です。受検生が多い高校では男女で午前、午後に分けたり、別々の日に集団討論を行う学校があります。この場合はテーマが別になりますので、先に検査を行った生徒からテーマを聞き出しても意味がありませんし、かえって、そのことが思考を妨げたりしますのでやめましょう。

◆集団討論のタイムスケジュール

試験官からの進行説明

試験官から討論の進行方法、注意事項が説明される。

討論されるテーマの発表

学校により、
・テーマを書いた用紙が配られる。
※社会的な出来事、環境問題などがテーマとなっている場合は、データ表やグラフなど、また新聞記事の写しなどの印刷物が配られる学校もあります。
・黒板等にテーマが掲示されている。
・口頭でテーマが発表される。
※1行程度の短いテーマであれば、口頭で伝えられる。

討論の準備時間

テーマ発表後、考えるための時間として2分から10分が与えられる。
※この時間を使って、自分の意見、考えをまとめます。メモ用紙が配られている場合はそこにメモすることもできます。

集団討論開始

試験官が「討論を始めてください」と促し、司会を決めるなどして討論を開始。
試験官に「意見のまとまった人から挙手するよう」指示される場合もある。
※短時間であることから、集団面接に近いイメージです。ディベー

トではありませんので、他の生徒の発言を否定するのは考えものです。

司会は、試験官が行う学校、立候補や話し合いで受検生に司会を行わせる学校、司会役を決めるかどうかは受験生に任せる学校とさまざまです。「司会は決めません」という学校もあります。

討論が短時間であるため、司会を決める作業に時間を割くことをよしとせず、受検生に司会をさせる学校は2年目には減っています。

集団討論で評価される意見とは

①意欲（意欲は個人面接で示しましょう）

②コミュニケーション能力・協調性

自分の意見をわかりやすく人に伝える力、他人の意見を正しく理解し尊重できる力を発揮しましょう。

前述しましたが、集団討論はディベートではありません。1人の受検生が話をできるのは合わせて4分程度です。他の生徒の考えを否定したり、引用している時間はありません。

先に述べられた意見を尊重しながら、自らの考えを述べましょう。

もし、自分が話そうとしていた内容を他の受検生が述べてしまったときは、無理に異なった考えを言おうとする必要はありません。

そのようにいきなり変更した考えを述べようとすると、どうしてもまとまった話にできず、「付け焼き刃」といった印象を残してしまうでしょう。「私も同じように思います。ただ、加えて、こんなことも考えました」というように話せばよいのです。

③表現力

自分の考えを適切な表現でわかりやすく伝える力が「表現力」です。

そのためには、まず自分の考えをしっかりまとめることです。そして、人に伝えるためには、どういう順番で話をしたらよいか、を考えます。メモができるならば、話す順番を箇条書きにしておくとよいでしょう。

話し方は明るく、大きな声でゆっくり話します。強調したいところでは、ジェスチャーをまじえてもよいでしょう。

語尾ははっきりと、落ち着いて話します。一本調子にならないよう、少し練習しておくとよいでしょう。

④思考力

自らのさまざまな知識を組みあわせて、論理的に考える力が「思考力」です。

自分の考えを話す場合に、言いっぱなしではなく「どうしてそう思うのか」、「その理由は…」と理由やその考えにいたった経緯も述べるようにしましょう。

また、自分のかつての経験や、実際に起こったこと、マスコミなどで見聞きしたことを加えて、具体性を持たせる工夫もプラス材料です。

⑤リーダーシップ

テーマに沿った方向で話し合いを進めることができるように、その場に応じて積極的に考えを述べていくことが、リーダーシップの評価につながります。

ただ、すでに述べたように、必要以上にリーダーシップを発揮しようとして「自分が自分が…」と人を押しのけて発言するような態度は協調性に欠けると判断されてしまいます。

失敗を恐れないで発言しよう

集団討論は心の準備をしっかりとしておけば、決して難しい検査ではないということが、おわかりいただけたでしょうか。

なかには「話し下手だから…」とか「人前で話すのが苦手」などと尻込みしている方がおられるかもしれません。

しかし、もともと都立高校の推薦入試は倍率が非常に高く、不合格の生徒が圧倒的に多い狭き門の入試です。

ですから、「試し受検」程度の気楽な気持ちで、失敗を恐れずに臨みましょう。もし、思うような結果が得られなかったとしても、一般入試でリベンジすればよいのです。

そして集団討論前日には、再度このページを開いて、ぜひ、「評価される発言の仕方」を参考にして検査にのぞんでください。

さらに、つけ加えておきたいことがあります。前号『公立ＣＬＯＳＥ ＵＰ』のコーナーで触れていることですが、調査書での評価が下位でもこの集団討論、個人面接、作文などの評価で逆転が可能だということです。

ですから、高い志で、「ぜひ、この高校に入りたい」という気持ちを持って臨むことが最大の武器になるということです。

もし、「逆転」で見事、推薦入試で合格したならば、それにおごらず、勉強を続けて大好きなその高校で、真の意味での「逆転」、つまり成績上位者にランクされるような高校生をめざしましょう。

10月号の答えと解説

問題　論理パズル

同じ中学に通うA君、B君、C君の３人の生徒は、それぞれ、東町、中町、西町のいずれかに住み、野球部、サッカー部、陸上部のいずれかに入っています。３人は、住んでいる町も、入っている部も異なっていて、次の①～③のことがわかっています。

① 野球部に入っている生徒は、A君と同じ学年である。

② サッカー部に入っている生徒は、中町に住んでいる。

③ 陸上部に入っている生徒は、東町に住んでいるB君より１学年下である。

このとき、C君について正しく述べているのは、下の**ア～オ**のうち、どれでしょうか？

ア 野球部で、東町に住んでいる。

イ 野球部で、西町に住んでいる。

ウ サッカー部で、中町に住んでいる。

エ 陸上部で、東町に住んでいる。

オ 陸上部で、西町に住んでいる。

解答　オ

解説

A、B、Cの３人が、住んでいる町も、入っている部も異なることと、条件②の「サッカー部＝中町」と、条件③の「陸上部は、東町のBより１学年下」ということから、「陸上部＝西町」で、さらに「野球部＝B＝東町」ということがわかります。

加えて、①の「野球部は、Aと同じ学年」ということと、③から、「サッカー部＝A＝中町」ということがわかり、その結果、「陸上部＝C＝西町」ということがわかります。

したがって、Cについて、正しく述べているのは、オということになります。

10月号学習パズル当選者

全正解者45名

山田　陸さん（埼玉県和光市・中3）
田上　広利さん（東京都杉並区・中3）
萩原　優依さん（東京都足立区・中2）

中学生のための学習パズル

今月号の問題

マスターワード

？に入る文字を推理するパズルです。☆は？に入る文字が使われていますが、入る位置が違うことを表しています。☆１個は１文字です。★は入る位置も正しく使われています。また、単語は、ＢＯＯＫやＥＶＥＲＹのように、同じ文字が含まれていることはありません。

【例】 次の？？？に当てはまる3文字の英単語を答えなさい。

？？？

①	CAT	☆☆
②	EAT	☆☆
③	SEA	☆☆
④	USE	★

【解き方】

③と④を比べると、Ａが使われていて、Ｕは使われていないことがわかり、さらに②、③から、Ａは１文字目です。

次に、④でＳが使われているとすると、Ｅは使われていないことになり、②からＴが使われていることになります。ところが、④からＳは２文字目の位置になるため、Ｔの位置が①、②と矛盾します。

よって、④ではＥは使われていることになり、②からＴが使われていないことになります。こうして推理を進めていくと？？？は“ＡＣＥ”ということがわかります。

それでは、この要領で次の問題を考えてみましょう。

【問題】 次の？？？？？に当てはまる５文字の英単語はなんでしょう

？？？？？

①	TRUCK	★★☆
②	FORTY	★☆☆
③	QUITE	☆☆☆
④	APRIL	★☆
⑤	KNIFE	☆☆

※ヒント：②と③を比べると、使われているアルファベットが絞られます。

応募方法

●必須記入事項

01　クイズの答え
02　住所
03　氏名（フリガナ）
04　学年
05　年齢
06　右のアンケート解答
イベント、展覧会（詳細は81ページ）の招待券をご希望の方は、「○○（イベント、展覧会の名前）招待券希望」と明記してください。

◎すべての項目にお答えのうえ、ご応募ください。
◎ハガキ・ＦＡＸ・e-mailのいずれかでご応募ください。
◎正解者のなかから抽選で３名の方に図書カードをプレゼントいたします。
◎当選者の発表は本誌2015年２月号誌上の予定です。

●下記のアンケートにお答えください。

Ａ今月号でおもしろかった記事とその理由
Ｂ今後、特集してほしい企画
Ｃ今後、取り上げてほしい高校など
Ｄその他、本誌をお読みになっての感想

◆2014年12月15日（当日消印有効）

◆あて先

〒101-0047　東京都千代田区内神田2-4-2
グローバル教育出版　サクセス編集室
FAX：03-5939-6014
e-mail:success15@g-ap.com

桐光学園高等学校

- 神奈川県川崎市麻生区栗木3-12-1
- 小田急多摩線「栗平駅」徒歩12分
- 044-987-0519
- http://www.toko.ed.jp/

学校説明会

11月29日（土）　13：30～14：50

入試日程

帰国生入試　1月５日（月）
推薦入試　1月22日（木）
一般入試
　第１回　2月10日（火）
　第２回　2月12日（木）

問題

次の(a)～(e)の文の[　]に入れるのに最もふさわしい語をそれぞれ答えなさい。ただし，[　]に与えられた文字で始めること。

(a) Your [n　　] is the part of your body which joins your head to the rest of your body.

(b) The [h　　] is the line in the far distance which the sky seems to meet the land or the sea at.

(c) If you [c　　] something such as a tree, mountain or ladder, you move toward the top of it.

(d) Food that is [d　　] has a very good taste.

(e) If you choose the [w　　] thing, person or method, you make a mistake and do not choose the one that you really want.

解答　(a) neck　(b) horizon　(c) climb　(d) delicious　(e) wrong

豊島岡女子学園高等学校

- 東京都豊島区東池袋1-25-22
- 地下鉄有楽町線「東池袋駅」徒歩2分、JR線ほか「池袋駅」徒歩７分
- 03-3983-8261
- http://www.toshimagaoka.ed.jp/

学校説明会

11月15日（土）　10：00～11：30
※要上履き

入試日程

推薦入試　1月22日（木）
一般入試　2月11日（水祝）

問題

下の図のように，線分AC上に点Bをとり，線分BCの中点をOとします。次に，線分AC，線分BCを直径とする半円を，線分ACについて同じ側にとります。さらに，点Aから弧BCへ接線を引き，接点をP，弧ACとの交点をQとし，直線CPと弧ACのCでない方の交点をRとします。

AP＝５㎝，PQ＝３㎝とするとき，次の各問いに答えなさい。

（１）AB：BCを求めなさい。

（２）RPの長さを求めなさい。

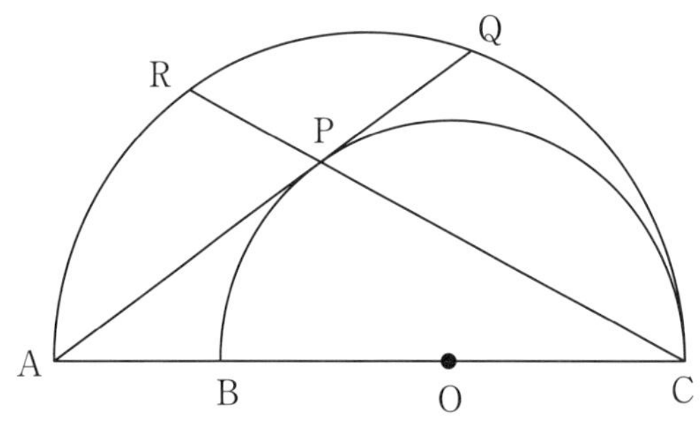

解答　(1) 1：3　(2) $\sqrt{5}$㎝

中央大学附属高等学校

■東京都小金井市貫井北町3-22-1
■JR中央線「武蔵小金井駅」徒歩18分
またはバス、西武新宿線「小平駅」
「花小金井駅」バス
■042-381-5413

入試日程
推薦入試　1月22日（木）
一般入試　2月10日（火）

問題

図のように，AB＝13，AD＝18の平行四辺形ABCDがある。
∠Aの二等分線とBCの交点をE，∠Bの二等分線とADの交点をF，FからAEと平行に引いた直線とCDの交点をG，AEとBFの交点をHとする。平行四辺形ABCDの面積が216であるとき，次の問いに答えなさい。

(1) CG：GDを最も簡単な整数の比で答えなさい。

(2) AHの長さを求めなさい。

(3) 台形AEGFの面積を求めなさい。

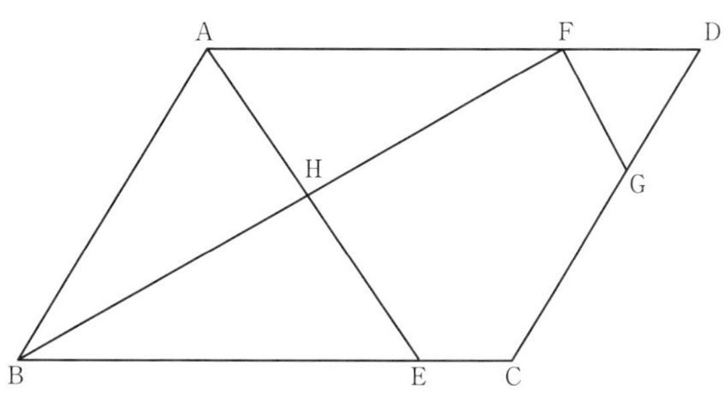

解答　(1) 8：5　(2) $2\sqrt{13}$　(3) 108

東京成徳大学高等学校

■東京都北区王子6-7-14
■地下鉄南北線「王子神谷駅」徒歩7分
■03-3911-5196
■http://www.tokyoseitoku.jp/hs/

入試説明会
両日とも9：30～10：45
11月30日（日）　12月6日（土）

特待過去問説明会　※要予約
12月21日（日）　9：30～11：50

個別相談会　※要予約
11月23日（日）
9：00～12：00／13：00～16：00
11月24日（月祝）
9：00～12：00／13：00～16：00
12月7日（日）
9：00～12：00／13：00～16：00
12月14日（日）
9：00～12：00／13：00～16：00
12月21日（日）
13：20～16：00

問題

次の各問の日本文に合うように語（句）を並べかえて英文を完成させる時，3番目と5番目の□に来る語（句）を，（ア）～（キ）よりそれぞれ1つずつ選びなさい。ただし，文頭にくる語（句）も小文字で始めている。

［問1］　事故でけがをした少女は病院へ運ばれた。
The □ □ [1] □ [2] □ □ the hospital.
（ア）in　（イ）taken　（ウ）girl　（エ）to　（オ）injured　（カ）was　（キ）the accident

［問2］　水を一杯持って来ていただけませんか。
□ □ [3] □ [4] □ □?
（ア）of　（イ）me　（ウ）you　（エ）a glass　（オ）would　（カ）water　（キ）bring

［問3］　彼女はとても早口だったので，私は彼女の言うことが理解できませんでした。
She □ □ [5] □ [6] □ □ her.
（ア）that　（イ）I　（ウ）spoke　（エ）couldn't　（オ）understand　（カ）fast　（キ）so

［問4］　このロープはあのロープの3倍の長さがある。
□ □ [7] □ [8] □ □ that one.
（ア）rope　（イ）is　（ウ）times　（エ）as　（オ）three　（カ）this　（キ）as long

［問5］　今届いた知らせによるとトムが一等賞を取ったそうです。
□ □ [9] □ [10] □ □.
（ア）said　（イ）Tom　（ウ）which　（エ）the news　（オ）arrived now　（カ）got
（キ）the first prize

解答　問1 [1]ア，[2]カ　問2 [3]キ，[4]エ　問3 [5]カ，[6]イ　問4 [7]イ，[8]ウ　問5 [9]オ，[10]イ

座右の銘は?

「千里の道も一歩から」。地道な性格の自分にはピッタリだと思う。
(中2・千里の長城さん)

「人に勝つより自分に勝て」。
(中1・ハーゴンが大好きさん)

ズバリ、**「よく食べ、よく眠る！」** 本当はこれに「よく遊ぶ」を足したいです。
(中3・腹十分目さん)

「人のいいところを見てつきあう」 友だちのここがいやだと父に言ったら、「たった1つのいやなところではなく、ほかにたくさんあるいいところを見てつきあいなさい」と言われて感動しました。
(中2・ファザコンさん)

わが家の座右の銘は **「働かざる者食うべからず」** なので、家の手伝いとか友だちより多くやってるはずです。これで花嫁修業はばっちり！
(中2・花婿募集中さん)

「人間万事塞翁が馬」。授業で習ってから妙に頭のなかに残ったので。なにが起こるかわからないから人生はおもしろいですよね。まだ中学生だけど！
(中3・塞翁が牛さん)

欠かさずやっている日課

朝起きたら自分の部屋の**窓を開ける**。寒い日でも。そうすると気持ちがシャキッとするんです。
(中2・シャキシャキ感さん)

2匹の**イヌの散歩**を毎日してます。運動部じゃないので、いい運動になってます。
(中1・今日も散歩さん)

お風呂あがりの**ストレッチ**。日課にしてたらかなり柔らかくなって、修学旅行でいつものようにやったら、みんなにびっくりされました。
(中3・のびーるさん)

隣の家のイヌに **「ワンとあいさつ」** すること。おはよう、行ってきます、ただいまも全部「ワン！」このあいだ友だちに見られて恥ずかしかったです。
(中1・イヌ好きさん)

家計簿をつける母の隣で**おこづかい帳**をつけています。私はすぐにつけ終わりますが、母は長い時間うんうんうなっています。
(中1・S.N.さん)

夜ご飯の**食器を洗う**のがぼくの日課です。楽しいかって？　やらないなら明日からは自分でご飯を作りなさいって言われているので…。
(中1・皿洗いマシーン1号さん)

私の暗記法

書いて書いて書きまくる！
おかげでペンだこがすごいです。
(中2・ペンだこは勲章さん)

好きな曲のメロディーに合わせて、歌詞を歴史人物とかに変えて口ずさみながら覚えてます。バラードよりもアップテンポの曲の方がのれるのでおすすめです。
(中3・ロッカーさん)

覚えづらい英単語は**身近な内容の文章**を作って、そのなかに入れて文章ごと覚えると結構いい。
(中3・T.T.さん)

お風呂で声を出しながら覚える！でも、声が大きすぎて外に聞こえていたらしい。
(中1・R.K.さん)

部屋のなかをブツブツ言いながら**歩き回る**。座っているよりその方が私は覚えられます。
(中2・ブツ像さん)

必須記入事項

A／テーマ、その理由　B／住所　C／氏名
D／学年　E／ご意見、ご感想など

ハガキ、FAX、メールを下記までどしどしお寄せください!
住所・氏名は正しく書いてください!!
ペンネームは氏名のうしろに( )で書いてネ!
【例】サク山太郎(サクちゃん)

あて先

〒101-0047　東京都千代田区内神田2-4-2
グローバル教育出版　サクセス編集室
FAX:03-5939-6014
e-mail:success15@g-ap.com

募集中のテーマ

「2014年一番嬉しかったこと」
「2015年絶対やりたいこと」
「お正月の楽しみ」

応募〆切 2014年12月15日

ケータイ・スマホから上のQRコードを読み取り、メールすることもできます。

掲載された方には抽選で図書カードをお届けします!

掲載にあたり一部文章を整理することもございます。個人情報については、図書カードのお届けにのみ使用し、その他の目的では使用いたしません。

Exhibition

ヒカリ展
光のふしぎ、未知の輝きに迫る！

10月28日（火）～2月22日（日）
国立科学博物館

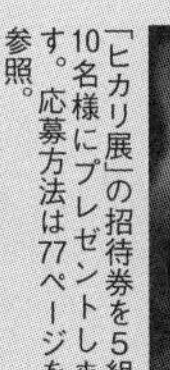
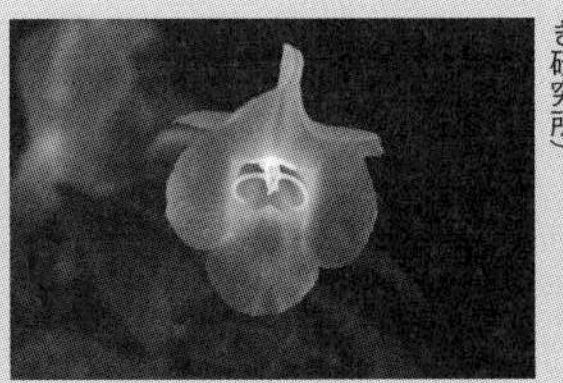

光る花（展示協力：農業・食品産業技術総合研究機構花き研究所）

「ヒカリ展」の招待券を5組10名様にプレゼントします。応募方法は77ページを参照。

不思議にあふれた「光」の魅力

「光」の不思議と魅力を紹介する「ヒカリ展」が開催中だ。目に見える可視光だけでなく、電波や赤外線、紫外線、X線なども対象としている今回の展示では、美しい光の世界を体感できる。太陽や星の輝き、3Dで楽しめるオーロラの観測映像、発光する生物や蛍光を発する鉱物の展示、蛍光タンパク質の研究成果の紹介など、どれも興味深い。世界初公開となる「光る花」の生体展示も見逃せない。

Event

東京外国語大学「外語祭」

11月20日（木）～11月24日（月振）
東京外国語大学府中キャンパス

国際色豊かな東京外大の学園祭

世界のさまざまな言語や文化、国際社会について学べる東京外大の学園祭「外語祭」は、国際色豊かな内容が魅力。食べ歩きで世界一周気分が味わえる「専攻語料理店」は、学生が専攻する言語地域ごとに世界各地の料理を出す屋台で、その数なんと29店舗。どれを食べるか迷ってしまいそうだね。そのほか、学生たちが専攻語で演劇を上演する「語劇」や、サークル・ゼミによる展示など、見どころ満載の学園祭だ。

Art

特別展 没後15年記念 東山魁夷と日本の四季

11月22日（土）～2月1日（日）
山種美術館

東山魁夷《北山初雪》1968（昭和43）年 紙本・彩色 川端康成記念会

「東山魁夷と日本の四季」の招待券を5組10名様にプレゼントします。応募方法は77ページを参照。

美しい日本の四季を絵画の世界で愛でる

四季のある日本では、季節ごとに違った魅力や美しさを感じることができる。そんな日本の四季を、絵画の世界で楽しんでみよう。「昭和の国民画家」と称される東山魁夷は、日本各地の自然と風景を詩情豊かに描き続けた日本画家だ。この展覧会では、「日本の四季」をテーマに魁夷の画業を振り返る。魁夷の師や仲間の作品もあわせて展示され、東山芸術の道程を幅広い視点から探れる点も魅力だ。

サクセス イベントスケジュール
11月～12月
世間で注目のイベントを紹介

鍋料理

寒い季節になると食べたくなる「鍋料理」。水炊き・すき焼き・しゃぶしゃぶ・キムチ鍋・カレー鍋など種類も多く、みんなでわいわい食べるのも楽しい。昔の日本家屋には部屋の中央に囲炉裏（いろり）があり、そこに鍋をつるして煮炊きをしていたことから、鍋料理は古くから日本人に根づいていたことがうかがえる。

Art

ジョルジョ・デ・キリコ ―変遷と回帰

10月25日（土）～12月26日（金）
パナソニック 汐留ミュージアム

ジョルジョ・デ・キリコ《燃えつきた太陽のあるイタリア広場、神秘的な広場》1971年パリ市立近代美術館

©Musee d'Art Moderne de la Ville de Paris / Roger-Viollet © SIAE, Roma & JASPAR, Tokyo, 2014 E1065

日常に潜む神秘や謎 デ・キリコの回顧展

人気のない広場を横切る、チューブのようなもので繋がれた大きな2つの太陽…不思議な雰囲気のこの絵から、なにを感じるだろうか。謎めいた空間と事物が生み出す神秘的なスタイル「形而上学絵画（けいじじょうがく）」を確立しながら、画業のなかで何度もスタイルを変えたデ・キリコ。展示作品のおよそ8割が日本初公開という選りすぐりの作品でたどる20世紀を代表する画家、デ・キリコの世界を体感してほしい。

Art

チームラボ 踊る！アート展と、学ぶ！未来の遊園地

11月29日（土）～3月1日（日）
日本科学未来館

お絵かき水族館 チームラボ,2013

「チームラボ展」の招待券を5組10名様にプレゼントします。応募方法は77ページを参照。

見て、体感して楽しめるテクノロジー芸術の世界

デジタル領域を中心に独創的な事業を展開するウルトラテクノロジスト集団「チームラボ」がこれまでに発表してきた作品を体感できる世界初の展覧会。圧倒的な迫力と映像美で見る人を魅了する「踊る！ アート展」と、紙に描いた魚が泳ぎ出す「お絵かき水族館」などの体験型作品の展示による「学ぶ！ 未来の遊園地」の2つのゾーンに分かれ、テクノロジーを活用した新たな芸術の世界に触れることができる。

Exhibition

進撃の巨人展

11月28日（金）～1月25日（日）
上野の森美術館

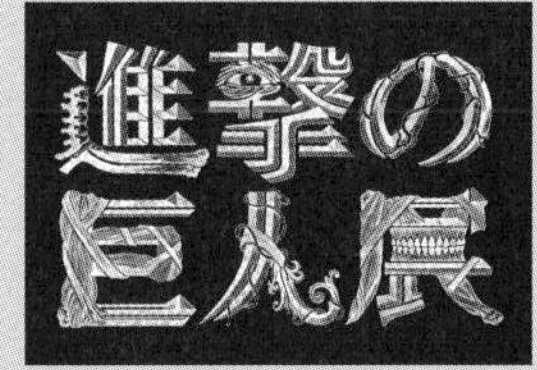

©諫山創・講談社／「進撃の巨人展」製作委員会

前代未聞の造形展示 物語の世界を全身で体感！

アニメやゲーム、映画などあらゆるメディアに広がりを見せる、諫山創の描く大人気漫画『進撃の巨人』の原画展が開催される。原画の展示に加え、全身体感型のシアターや実物大の「超大型巨人」の立体造形展示、ヘッドマウントディスプレイによる360°体感シアターなど、物語の世界を堪能できる多彩な企画が待ちかまえている。チケットは全日日時指定制なので、気になる人は早めにチェックしておこう。

New

Success15 Back Number

2014 11月号

過去問演習 5つのポイント

本気で使える文房具

SCHOOL EXPRESS
立教新座

Focus on
神奈川県立柏陽

2014 10月号

大学生の先輩に聞く 2学期から伸びる勉強のコツ

「ディベート」の魅力とは

SCHOOL EXPRESS
筑波大学附属駒場

Focus on
千葉県立薬園台

2014 9月号

こんなに楽しい! 高校の体育祭・文化祭

英語でことわざ

SCHOOL EXPRESS
渋谷教育学園幕張

Focus on
東京都立国分寺

2014 8月号

2014年 夏休み徹底活用術

夏バテしない身体作り

SCHOOL EXPRESS
市川

Focus on
埼玉県立川越女子

2014 7月号

イチから考える 志望校の選び方

日本全国なんでもベスト3

SCHOOL EXPRESS
筑波大学附属

Focus on
東京都立三田

2014 6月号

難関国立・私立校の 入試問題分析2014

快眠のススメ

SCHOOL EXPRESS
豊島岡女子学園

Focus on
埼玉県立春日部

2014 5月号

先輩に聞く!! 難関校合格への軌跡

高校図書館&オススメ本

SCHOOL EXPRESS
お茶の水女子大学附属

Focus on
神奈川県立厚木

2014 4月号

勉強も部活動も頑張りたいキミに 両立のコツ、教えます

水族館・動物園などのガイドツアー

SCHOOL EXPRESS
慶應義塾

Focus on
東京都立駒場

2014 3月号

どんなことをしているの? 高校生の個人研究・卒業論文

理系知識を活かしたコンテスト

SCHOOL EXPRESS
東京学芸大学附属

Focus on
千葉県立船橋

2014 2月号

勉強から不安解消まで 先輩たちの受験直前体験談

合格祈願グッズ

SCHOOL EXPRESS
開成

Focus on
千葉県立千葉

2014 1月号

冬休みの勉強法 和田式ケアレスミス撃退法

直前期の健康維持法

SCHOOL EXPRESS
早稲田大学本庄高等学院

Focus on
埼玉県立大宮

2013 12月号

東京大学ってこんなところ 東大のいろは

「ゆる体操」でリラックス

SCHOOL EXPRESS
早稲田大学高等学院

Focus on
埼玉県立浦和第一女子

2013 11月号

教えて大学博士! なりたい職業から学部を考える

学校カフェテリアへようこそ

SCHOOL EXPRESS
慶應義塾志木

Focus on
千葉県立東葛飾

2013 10月号

模試を有効活用して 合格を勝ち取る!

中1・中2 英・国・数

SCHOOL EXPRESS
桐朋

Focus on
神奈川県立川和

2013 9月号

SSHの魅力に迫る!

東京歴史探訪

SCHOOL EXPRESS
法政大学第二

Focus on
東京都立立川

2013 8月号

現役高校生に聞いた! 中3の夏休みの過ごし方

自由研究のススメ

SCHOOL EXPRESS
中央大学附属

Focus on
埼玉県立浦和

2013 7月号

学校を選ぼう 共学校・男子校・女子校のよさを教えます!

使ってナットク文房具

SCHOOL EXPRESS
栄東

Focus on
神奈川県立横浜翠嵐

サクセス15 バックナンバー 好評発売中!

How to order バックナンバーのお求めは

バックナンバーのご注文は電話・FAX・ホームページにてお受けしております。詳しくは88ページの「information」をご覧ください。

これより前のバックナンバーはホームページでご覧いただけます(http://success.waseda-ac.net/)

～サクセス18のご紹介～

サクセス18は早稲田アカデミーが創った現役生難関大受験専門塾です。

●2014年度 大学入試合格体験記

東京大学［文科Ⅲ類］合格

早稲田大学［教育学部・文科構想学部・国際教養学部］、明治大学［国際日本学部］

朽木 美穂（私立女子学院高校）

己を知る

私は高一の頃からサクセス18にお世話になりました。サクセス18の先生方は皆個性豊かで面倒見がよく、大学入試対策だけにとどまらないたくさんのことを教えてくださいました。また担当科目だけでなく、生徒の総合的な成績状況を把握した上で、的確なアドバイスをくださりとても頼りになりました。私が受験勉強において特に意識していたことは自分にあった勉強法をはやく見つけ、実践することです。私の場合、得意科目と苦手科目がはっきりしていたので苦手な数学・地理に時間をかけ、平均に近づけるよう努力しました。また東大医学部女子クラブを利用し、そこで勉強する時間は必ず最大限集中するようにしました。それによって他の受験生より勉強時間は少なくても質は高いはずだという自信をもつことができ、本番も緊張することなく目の前の問題に集中して取り組むことができました。科目のバランスや得意不得意は人によって違うので、先生方のアドバイスをもとに自分なりの勉強法を確立し、良質な受験勉強をすることが大切だと思います。最後に、私を励まし支えてくれた家族、切磋琢磨した友人たち、そして合格へ導いてくださった先生方に心から感謝します。3年間本当にありがとうございました。

東京大学［理科Ⅲ類］合格

慶應義塾大学［医学部］、東京慈恵会医科大学［医学部］、順天堂大学［医学部］

郭 昇煥（私立開成高校）

集う人間の思いをカタチに

つらかった。毎週の授業。春・夏・冬の季節講習。1日10時間の夏期合宿。全国からのライバルがしのぎを削った東大冬合宿。センター前の一週間。授業もなく、自分ひとりと戦う2月の毎日。なにかどうしようもない失敗をするんじゃないか。勉強量が足りないんじゃないか。このままじゃ落ちるんじゃないか…。いろいろと思いつめたときもあった。受験をこのままやめてしまおうかと思ったときもあった。投げ出してしまおうか。逃げ出してしまおうか。でも、そうはしなかった。あきらめようかと思うと、いつも浮かぶ顔は、早稲田アカデミーの先生方、一緒に通った良きライバルである友達の存在だった。結局、自分を合格という結果につなぎ止めてくれたもの、それは、早稲田アカデミーという学びの場に集った仲間と、それを懸命に導いてくれた先生ひとりひとりの人間の存在だったと思う。カリキュラムも、教材も、バックアップシステムも、どれもこれも、本当に魅力的な塾が早稲田アカデミーだった。しかしなにより、この空間を支えた人間の思いが、かけがえのない私の財産であり、これから学ぶみんなにも感じ取ってほしい魅力だと思う。3年間ありがとうございました。

早稲田大学［創造理工学部］合格

首都大学［都市教養学部］、東京理科大学［工学部・理工学部］、明治大学［理工学部］、法政大学［理工学部］、東京都市大学［工学部］

井上 遼哉（私立東京都市大学付属高校）

早稲田アカデミーから得たモノ

私の中学3年間は、親の目が届いていないのを良いことに、勉強のモチベーションが低下していきました。中学校の勉強はどうにかなりましたが、高校ではそうはいきません。高校1年の成績は散々なものでした。そんな中で出会った塾が、早稲アカでした。早稲アカの授業はとても体系的でわかりやすく、かつ先生と生徒のコミュニケーションが多い、体験授業でそう感じた私は、早稲アカで学ぼうと決めました。2年生の夏に合宿に参加し、周りに触発され、かつ校舎でのハイレベルな仲間の存在は、私のモチベーションをさらに上げていきました。3年生になり、早稲田大学を志望していた私は、早慶必勝に参加しました。校舎より更にハイレベルな仲間との競争は、私を大きく成長させました。この頃には、スタート段階で高い目標であった早稲田大学が、現実的な目標になっていきました。入試までの期間、質の高い授業だけでなく精神的なサポートや丁寧な面談、正月特訓など様々なサポートを経て、今の合格があると思っています。私は早稲田アカデミーによって志望校へ合格できました。本当にありがとうございました。

上智大学［法学部］合格

立教大学［法学部］

会田 南萌（私立浦和明の星女子高校）

システム＋情熱＝サクセス18の魅力

サクセス18は通常授業や日曜日の必勝講座、夏期合宿はもちろん素晴らしいのですが、私が一番魅力に感じたことは先生と生徒の距離が近いところです。大手塾では考えられないような、授業を担当してくれる先生が個別の志望に合わせた細やかな指導をしてくれるのです。毎日の勉強時間を書いたリスト提出による家庭学習の管理や、合格のために一番良い勉強法をアドバイスしてくれたりしました。受験に対しての不安があるときもそのつど話を親身に聞いてくれて、精神面でもサポートしてくれていました。また、事務の方やアシストの先生方が応援してくれたのも嬉しくて、この塾の良いところだと思いました。なにより、印象に残った行事は出陣式です。先生1人1人の熱意が伝わってきて、生徒を本当に受からせたい！と思ってるんだなと強く感じました。どの先生も情熱的なところに、早稲アカ魂を感じます。『絶対に合格するぞ！』という先生たちからの最後のエールは受験が終わるまで、本当にやる気になりました。もう1つ忘れられないのが、自分たちの志望校合格を伝えたときに、先生と事務さんが自分のことのように喜んでくれたことです。自分の合格をこんなに嬉しいと思ってくれる人がいるということが、本当に本当に嬉しくて、合格できて良かったと心から思いました。1人の力では絶対にできなかった合格でした。サクセス18で受験をできて本当に良かったです。

中3 この冬、思考力を徹底的に鍛えるために TopwiN 冬期準備講座

東大への数学α	東大への英語
三角比と三角関数	時　制
東大への数学β	**東大への国語**
数Ⅰ・Ⅱの計算分野総復習	『テーマの背景』に肉薄する

東大を目指す中高一貫校在籍の中学生のために、夏期に続き冬期にも「東大への英語・数学・国語」を開設します。中学受験の延長でひたすら「詰め込み学習」を行っていても、その先に東大合格は見えてきません。中3の今、君たちがやるべきことは「東大が求める抽象思考の技術」を学び取ることです。初見の問題でもしなやかに対応できる思考力の基礎を構築しておくことで、今後の学習における取り組み方が変わるはずです。この講座で英・数・国の思考力を徹底的に鍛えあげ、冬期講習会に備えましょう。

12/15(月)▶17(水)　12/18(木)▶20(土)

1講座 3,300円／90分×3日間　■時間：13:00～14:30、14:45～16:15　■会場：サクセス18池袋校、サクセス18渋谷校、サクセス18御茶ノ水校

日本全国から東大模試A判定や学年トップの超絶優秀生が集結する東大サミット合宿

高3対象 東大 合格必勝 合宿

現役高3生 150名限定募集!!

12/26(金)▶30(火)（4泊5日）

料金　一般生：96,400円　塾生：86,000円

会場　都市センターホテル（永田町）

本気、現役合格 早稲田アカデミー

現役生難関大受験専門塾サクセスエイティーン **SUCCESS18**

大学受験部　早稲田アカデミー　検索　▶「高校生コース」をクリック！

☎03(5954)3581(代)

http://www.waseda-ac.co.jp

池袋校　御茶ノ水校　渋谷校　大泉学園校　荻窪校　国分寺校　調布校　新百合ヶ丘校　宮崎台校　大宮校　所沢校　志木校

高1～高3（中1～中3 中高一貫校在籍）新入塾生受付中！

医歯薬専門予備校44年の伝統と実績

医学部完全合格68名!!

17日間 250時間超　**医学部逆転合格! ホテル合宿**　高3対象

願直前 個別入試相談会　完全予約制　無料　12/6(土)・7(日)

冬期講習会　受付中　高1～高3

早稲田アカデミー 教育グループ

医歯薬専門予備校

野田クルゼ

〈御茶ノ水〉

資料請求・お問い合わせ・各種お申し込みはお気軽にこちらへ

現役校　Tel 03-3233-6911(代)　Fax 03-3233-6922　受付時間 13:00～22:00

本　校　Tel 03-3233-7311(代)　Fax 03-3233-7312　受付時間 9:00～18:00

野田クルゼの最新情報はホームページでもご確認いただけます。　野田クルゼ　検索

“個別指導”だからできること × “早稲アカ”だからできること

- 難関校にも対応できる
- 弱点科目を集中的に学習できる
- 最終授業が20時から受けられる
- 早稲アカのカリキュラムで学習できる

広がる早稲田アカデミー個別指導ネットワーク

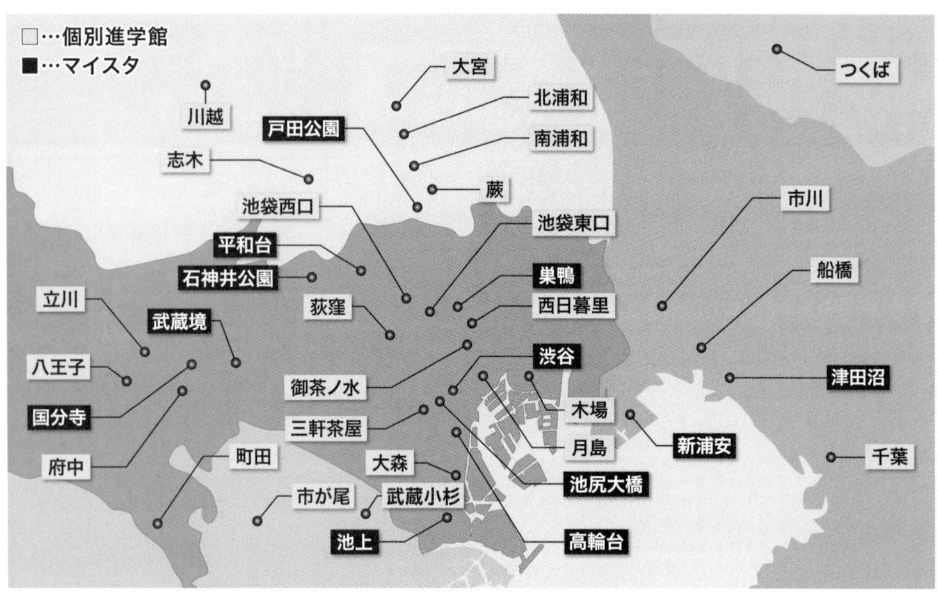

マイスタは2001年に池尻大橋教室・戸田公園教室の2校でスタートし、個別進学館は2010年の志木校の1校でスタートした、早稲田アカデミーの個別指導ブランドです。お子様の状況に応じて受講時間・受講科目が選べます。また、早稲田アカデミーの個別指導なので、集団授業と同内容を個別指導で受講することができます。マイスタは1授業80分で1：1または1：2の指導形式です。個別進学館は1授業90分で指導形式は1：2となっています。カリキュラムなどはお子様の学習状況、志望校などにより異なってきます。お気軽にお近くの教室・校舎にお問い合わせください。

悩んでいます… **中2**
クラブチームに所属していて、近くの早稲アカに通いたいのに、曜日が合わない科目があります。

解決します！
早稲アカの個別指導では、集団校舎のカリキュラムに準拠した指導が受けられます。数学だけ曜日が合わないのであれば、数学だけ個別で受講することも可能です。もちろん、3科目を個別指導で受講することもできます。

悩んでいます… **中3**
中2の途中から英語が難しくなってきて、中3の学習内容も理解できているか心配です。

解決します！
個別指導はひとりひとりに合わせたカリキュラムを作成します。集団校舎で中3内容を、個別指導では中2内容を学習することも可能です。早稲田アカデミー集団校舎にお通いの場合は、担当と連携し、最適なカリキュラムを提案します。

悩んでいます… **中3**
中2範囲の一次関数がとても苦手です。自分でやろうとしても分からないことだらけで…。

解決します！
個別指導では範囲を絞った学習も可能です。一次関数だけ、平方根だけなど、苦手な部分を集中的に学習することで理解を深めることができます。『説明を聞く→自分で解く』この繰り返しで、分かるをできるにかえていきます。

小・中・高 全学年対応／難関受験・個別指導・人材育成

早稲田アカデミー個別進学館
WASEDA ACADEMY KOBETSU SCHOOL

冬期講習 12/1(月)▶1/31(土)

お問い合わせ・お申し込みは最寄りの個別進学館各校舎までお気軽に！

池袋西口校 03-5992-5901	池袋東口校 03-3971-1611	大森校 03-5746-3377	荻窪校 03-3220-0611	御茶ノ水校 03-3259-8411
木場校 03-6458-5153	三軒茶屋校 03-5779-8678	立川校 042-548-0788	月島校 03-3531-3860	西日暮里校 03-3802-1101
八王子校 042-642-8867	府中校 042-314-1222	町田校 042-720-4331	市が尾校 045-979-3368	武蔵小杉校 044-739-3557
大宮校 048-650-7225	川越校 049-277-5143	北浦和校 048-822-6801	志木校 048-485-6520	南浦和校 048-882-5721
蕨　校 048-444-3355	市川校 047-303-3739	千葉校 043-302-5811	船橋校 047-411-1099	つくば校 029-855-2660

冬期講習 12/19(金)▶12/29(月)・1/4(日)▶1/7(水)

お問い合わせ・お申し込みは最寄りのMYSTA各教室までお気軽に！

渋谷教室 03-3409-2311	池尻大橋教室 03-3485-8111	高輪台教室 03-3443-4781
池上教室 03-3751-2141	巣鴨教室 03-5394-2911	平和台教室 03-5399-0811
石神井公園教室 03-3997-9011	武蔵境教室 0422-33-6311	国分寺教室 042-328-6711
戸田公園教室 048-432-7651	新浦安教室 047-355-4711	津田沼教室 047-474-5021

Success15

12月号

編集後記

今月号の連載「15歳の考現学」で、森上展安さんが今年のノーベル平和賞を受賞したマララ・ユスフザイさんについて書いています。女性が教育を受けることを主張して、なぜ命を狙われなければならないのか、なかなか理解することが難しいかもしれません。しかし、世界を見渡せば、あらゆる物事について多種多様な価値観があり、そのために争いが起こっている現実があります。ますますグローバル化が進む現代社会で、みなさんもこれから、まったく違う価値観に出会うこともあるでしょう。そうした現実を理解するために、彼女について書かれたいくつかの書籍を手にとってみるのもいいかもしれません。　（C）

Next Issue 1月号は…

Special 1

冬休みの勉強法

Special 2

合格祈願パワースポット紹介

School Express

慶應義塾湘南藤沢高等部

Focus on 公立高校

千葉県立千葉東高等学校

※特集内容および掲載校は変更されることがあります

サクセス編集室お問い合わせ先

TEL 03-5939-7928
FAX 03-5939-6014

高校受験ガイドブック2014⑫ サクセス15

発行　2014年11月15日　初版第一刷発行
発行所　株式会社グローバル教育出版
〒101-0047 東京都千代田区内神田2-4-2
TEL　03-3253-5944
FAX　03-3253-5945
http://success.waseda-ac.net
e-mail　success15@g-ap.com
郵便振替　00130-3-779535
編集　サクセス編集室
編集協力　株式会社 早稲田アカデミー

Information

『サクセス15』は全国の書店にてお買い求めいただけますが、万が一、書店店頭に見当たらない場合は、書店にてご注文いただくか、弊社販売部、もしくはホームページ（左記）よりご注文ください。送料弊社負担にてお送りします。定期購読をご希望いただく場合も、上記と同様の方法でご連絡ください。

Opinion, Impression & etc

本誌をお読みになられてのご感想・ご意見・ご提言などがありましたら、ぜひ当編集室までお声をお寄せください。また、「こんな記事が読みたい」というご要望や、「こういうときはどうしたらいいの」といったご質問などもお待ちしております。今後の参考にさせていただきますので、よろしくお願いいたします。